CÓMO LIDIAR CON UNA FAMILIA DIFÍCIL O TÓXICA

Cómo Navegar las Relaciones con Miembros de la Familia Complicados

FERDINAND PARKS

© Copyright 2023 – Ferdinand Parks - Todos los derechos reservados.

Este documento está orientado a proporcionar información exacta y confiable con respecto al tema tratado. La publicación se vende con la idea de que el editor no tiene la obligación de prestar servicios oficialmente autorizados o de otro modo calificados. Si es necesario un consejo legal o profesional, se debe consultar con un individuo practicado en la profesión.

- Tomado de una Declaración de Principios que fue aceptada y aprobada por unanimidad por un Comité del Colegio de Abogados de Estados Unidos y un Comité de Editores y Asociaciones.

De ninguna manera es legal reproducir, duplicar o transmitir cualquier parte de este documento en forma electrónica o impresa.

La grabación de esta publicación está estrictamente prohibida y no se permite el almacenamiento de este documento a menos que cuente con el permiso por escrito del editor. Todos los derechos reservados.

La información provista en este documento es considerada veraz y coherente, en el sentido de que cualquier responsabilidad, en términos de falta de atención o de otro tipo, por el uso o abuso de cualquier política, proceso o dirección contenida en el mismo, es responsabilidad absoluta y exclusiva del lector receptor. Bajo ninguna circunstancia se responsabilizará legalmente al editor por cualquier reparación, daño o pérdida monetaria como consecuencia de la información contenida en este documento, ya sea directa o indirectamente.

Los autores respectivos poseen todos los derechos de autor que no pertenecen al editor.

La información contenida en este documento se ofrece únicamente con fines informativos, y es universal como tal. La presentación de la información se realiza sin contrato y sin ningún tipo de garantía endosada.

El uso de marcas comerciales en este documento carece de consentimiento, y la publicación de la marca comercial no tiene ni el permiso ni el respaldo del propietario de la misma.

Todas las marcas comerciales dentro de este libro se usan solo para fines de aclaración y pertenecen a sus propietarios, quienes no están relacionados con este documento.

Índice

Introducción   vii

1. Siempre habrá personas difíciles en tu vida, ¡aprovéchalo!   1
2. ¿Tú también estás siendo difícil?   13
3. Todo comienza contigo   23
4. Entendiendo al sociópata   39
5. Entendiendo al narcisista   61
6. No todas las personas tóxicas son narcisistas o sociópatas   81
7. El punto máximo es la manipulación   103
8. Cómo detener y superar la manipulación   115
9. Tratar con personas difíciles   129
10. Dueño/a de tu vida   141

Conclusión   155

Introducción

Nunca quise usar la palabra "tóxico" para algunas de las personas en mi vida, sonaba demasiado duro, incluso cruel.

Pasé de la adolescencia a la edad adulta y me encontré inventando excusas por el comportamiento de los demás: estaban pasando por un momento difícil o habían sufrido en el pasado.

Pero no era su culpa y yo solo necesitaba ser una persona más comprensiva y servicial.

¿Te suena esto familiar? Antes de que te des cuenta, has perdido quién eres en realidad. Has cambiado para mejorar la vida de los demás, pero en el proceso has perdido una gran parte de ti mismo. Incluso hasta el punto en que te miras en el espejo y no puedes identificarte con el reflejo.

Es posible que te hayas despertado un par de veces y te hayas convencido de que hoy iba a ser diferente. No tendrías

Introducción

a la gente con la que convives en el día a día enojándose contigo sin motivo, ignorando tus necesidades o manipulándote.

Probablemente no les tomó mucho tiempo a estas personas quitarte tu positividad y ahora has llegado a una etapa en la que has aceptado que así será la vida. Tal vez te estés castigando por los errores que cometiste en el pasado y ahora sientes que esta es la vida que te mereces.

Felicito a aquellos que han tratado de enfrentarse a las personas tóxicas en sus vidas, pues se necesita coraje. Es posible que hayas aprendido que tus esfuerzos fueron infructuosos, ya que las personas tóxicas pueden cambiar todo y convertirse en víctimas en cada situación. Pueden enojarse, incluso ser abusivos, o pueden romper en llanto, haciéndote sentir como una persona tóxica.

La triste realidad es que hay muchísima gente tóxica en el mundo, y seguro estas líneas te han recordado nada más y nada menos que... a miembros de tu familia. Parece que no podemos escapar de ellos, a pesar de retirarnos del mundo tanto como podamos. Lo único que podemos hacer es aprender la forma correcta de manejarlos: recuperar el control para que puedas vivir tu vida como debes, como quieres y de la manera que te hace feliz.

Para hacer esto, tenemos que empezar desde el principio.

Mirándonos a nosotros mismos y los caminos que tomamos para llegar a donde estamos hoy. Una vez que hayamos

Introducción

quitado todas las capas de dolor, veremos las diferentes formas en que las personas tóxicas se presentan. Lo tomaremos paso a paso, mejorándonos a nosotros mismos y nuestra inteligencia mental antes de dominar las habilidades necesarias para lidiar con los familiares tóxicos en nuestras vidas.

Al final del libro, los veremos bajo una luz completamente diferente. Tendrás las técnicas para hacer frente a la toxicidad en diversas relaciones y situaciones y será el momento de aprender a disfrutar de una vida con relaciones más sólidas, objetivos y una mente y un cuerpo más sanos.

Me tomó mucho tiempo reconocer que tenía demasiadas personas tóxicas en mi vida. No fui bendecido con padres amorosos que me enseñaron cómo eran las relaciones saludables, aprendí desde muy joven que las relaciones tóxicas eran la "norma", por lo que era lógico que todas mis relaciones fueran tóxicas.

Un punto de ruptura no es necesariamente algo malo. Pasar de tocar fondo a ser feliz fue lo mejor que hice y cambió todos los aspectos de mi vida, me dio la confianza de querer ayudar a otras personas. Que es donde estamos hoy.

Cada paso se presentará de una manera fácil de seguir, pero eso no quiere decir que el proceso sea fácil o que no necesites leer este libro. Dicho esto, analizaremos más de cerca los desafíos más grandes y lo que podemos hacer para superar cualquier contratiempo en el camino. No te preocupes, intentaremos divertirnos un poco también y facilitaremos las cosas entendiendo exactamente por qué hay personas tóxicas en nuestras vidas.

1

Siempre habrá personas difíciles en tu vida, ¡aprovéchalo!

Hay muchas personas tóxicas en el mundo y, si somos honestos, hay un espectro de toxicidad que podemos observar. En un extremo del espectro, es posible que tengas a algún familiar que se queje constantemente: cree que el mundo le debe la vida y que debes ser tú quien escuche sus problemas, pero nunca valorará tu consejo. Llamamos a estas personas vampiros de energía.

En el extremo opuesto están las personas tóxicas que son abusivas, violentas o algo peor. ¿Qué es lo que lleva a las personas a ser tóxicas? Algunos piensan que nacen de esta manera, otros sienten que hay complejidades neurológicas y de comportamiento involucradas, y también tenemos que tener en cuenta el impacto del medio ambiente.

. . .

Antes de caer en la trampa de ver a las personas como buenas o malas, necesitamos entender más sobre la psicología humana.

Debes tener en cuenta que esto de ninguna manera es una excusa para la forma en que las personas se comportan. Sin embargo, es una excelente manera de abrir la mente, ver las cosas desde una nueva perspectiva y tal vez incluso aprender más sobre tu propia forma de pensar.

Las complejidades de la psicología humana

Sabemos que el cerebro es un órgano impresionante. A menudo solo nos referimos a éste cuando hablamos de nuestra inteligencia, pero sabemos que es responsable de controlar todos los órganos y sistemas de nuestro cuerpo.

El cerebro humano tiene aproximadamente 100 mil millones de neuronas y hay alrededor de 0,15 cuatrillones de conexiones entre estas neuronas. Estas conexiones son vitales para el intercambio de productos químicos. Estos químicos son neurotransmisores y se conocen 100 diferentes, piénsalo como imaginar el tráfico más activo del mundo y multiplicarlo por... ¡mil millones!

Algunas de estas sustancias químicas son más conocidas, como la serotonina y la oxitocina, que a menudo se denominan sustancias químicas felices u hormonas felices. La dopamina también tiene un impacto en nuestro sueño, estado de ánimo, impulsos y es nuestro químico de "recompensa".

El ácido gamma-aminobutírico (GABA) puede mejorar nuestro estado de ánimo y ayudar con la ansiedad.

Los desequilibrios químicos pueden conducir a emociones nocivas y trastornos mentales. Más específicamente, los estudios realizados sobre las deficiencias de serotonina mostraron un aumento de los actos de conducta agresiva violenta e impulsiva.

Los desequilibrios químicos también pueden ser causados por lo que consumimos, no solo las drogas y el alcohol, sino también los alimentos que comemos. La cocaína produce una acumulación de dopamina, pero la comida chatarra puede tener un efecto similar. El placer que obtenemos de nuestra rebanada de pizza o hamburguesa favorita activa el circuito de recompensa en nuestro cerebro y se produce más dopamina.

Si bien estos químicos tienen sus apodos, no hay ningún químico que te haga sentir amor, odio o ira. Múltiples químicos trabajan simultáneamente en tu cerebro para ajustar tu estado de ánimo dependiendo de la situación que enfrentes. Ante el peligro, el cerebro produce las sustancias químicas necesarias para proporcionarte adrenalina para reaccionar más rápido; esto no es algo que podamos controlar.

Dicho esto, también existen medicamentos que alteran los químicos, como los antidepresivos, que podemos tomar para ayudar a controlar nuestro estado de ánimo. Los neuroquímicos son solo un factor que puede afectar nuestro comportamiento, pero las personalidades individuales tienen un gran impacto en lo difíciles que pueden ser las personas.

Un estudio de la Universidad Carlos III de Madrid analizó 541 voluntarios y cientos de dilemas sociales. Los resultados mostraron que el 90% de los participantes podría clasificarse con uno de los cuatro tipos de personalidad: optimista, pesimista, confiado y envidioso. La envidia era el tipo de personalidad más común y es este tipo de personalidad la que hace que las personas hagan cosas que pueden ser desde difíciles hasta tóxicas.

El comportamiento es otro factor en la psicología humana y la forma en que interactuamos con los demás. Nuestro comportamiento se conforma de tres componentes: nuestras acciones, cognición y emociones. Por ejemplo, llega el fin de semana y recuerdas que tienes que hacer la compra (cognición), escribes la lista y haces la compra (acción), y finalmente te sientes algo estresado y agotado (las emociones). Este es obviamente un ejemplo muy simplificado.

. . .

Todos nacemos con neuroquímicos y nacemos con un tipo de personalidad, pero el comportamiento se aprende. Somos productos de nuestro entorno. Aprendemos mucho del comportamiento de nuestros padres y esto afecta cómo actuamos en diferentes situaciones y cómo tratamos a los demás.

Además, nuestro entorno físico real puede influir en nuestro comportamiento y motivaciones: los ambientes ruidosos pueden causar estrés, los cuartos oscuros provocan una sensación de pesadez o depresión. La interacción humana se mejora en entornos que se presentan como seguros y protectores.

Entonces, en realidad, hay una plétora de razones por las que los miembros de tu familia pueden ser difíciles. Podría ser simplemente que son desagradables y disfrutan verte sufrir (poco probable), o puede haber condiciones subyacentes detrás de su comportamiento.

Las perplejidades y permutaciones de las emociones humanas

¿Cómo es posible que dos personas puedan estar viendo la misma película y, sin embargo, una la encuentra graciosa mientras que la otra se divierte solo un poco? El personal de respuesta a emergencias enfrenta peligros todos los días, pero otros tienen demasiado miedo incluso para conducir un automóvil o volar en un avión.

Cuando observas los neuroquímicos, la personalidad, el comportamiento y los entornos, comienzas a ver cómo las personas interpretan las situaciones y las emociones de otras personas de diferentes maneras. Echemos un vistazo más profundo a algunos ejemplos.

La forma en que las personas manejan el estrés varía: algunas personas lo disfrutan y dejan las cosas para el último minuto para sentir esa emoción de logro. Otros descubren que, si tienen una cantidad abrumadora de cosas que hacer, se estresan aún más ante la idea de lo que tienen que hacer incluso antes de comenzar. Luego están aquellos que se dan por vencidos de inmediato, sabiendo que nunca lo lograrán todo.

Cómo vemos la tarea por delante dicta cómo manejamos el estrés. Y no se trata sólo de las cosas que tenemos que hacer, podemos tener diferentes reacciones al estrés financiero, al estrés de las discusiones en una relación o al estrés del trabajo.

Es genial ver a personas que se toman con calma los grandes cambios de la vida.

. . .

Otro ejemplo es mudarse de casa, debería ser emocionante ya que estás comenzando un nuevo capítulo en tu vida. Algunas personas lo hacen parecer tan fácil con todo empacado y etiquetado como una operación militar; otros están emocionalmente agotados, tristes por dejar su hogar.

Podemos ver lo mismo cuando las personas tienen bebés. Parece que algunas mamás se lo toman todo con calma como si fuera una segunda naturaleza, pero, debido a los cambios químicos y hormonales, otras mujeres sufren de depresión posparto.

La crianza de los hijos, en general, puede ser una experiencia muy emotiva y cada persona encuentra su propia manera de enfrentar los desafíos. Muchos padres buscarán la ayuda y el consejo de otros, mientras que otros prefieren manejar los problemas y las emociones internamente

Las experiencias por las que pasamos como niños, adolescentes y adultos jóvenes también afectarán nuestras emociones y la forma en que interpretamos las cosas.

De hecho, el cerebro no está completamente desarrollado hasta los 25 años. Piensa en todo lo que sucedió en tu vida antes de esta edad, o si no has alcanzado la marca de un cuarto de siglo, al menos hasta ahora.

. . .

Crecer con padres que no son amables ni cariñosos les muestra a los hijos qué esperar de las relaciones futuras. Los adolescentes que presencian el divorcio de sus padres a menudo sienten que el matrimonio es impredecible e inestable. ¿Alguno de estos ejemplos te suena familiar de alguna manera? ¿Puede aplicarte a ti o a alguien dentro de tu familia?

El trastorno de personalidad narcisista también se desarrolla antes de que el cerebro haya madurado por completo. Si bien su causa podría ser genética y/o neurobiológica, el medio ambiente puede desempeñar un papel. Los estilos de crianza impactan las experiencias de los niños, pues la admiración excesiva puede conducir a un ego inflado y un sentido de importancia personal, pero, por el contrario, los niños que han sido demasiado criticados pueden sentir que no alcanzan la perfección.

El narcisista puede parecer lleno de confianza con una actitud superior, pero a menudo es solo una tapadera para una autoestima extremadamente baja. ¿Qué significa todo esto? Significa que no podemos ser demasiado rápidos para juzgar a las personas o etiquetarlas como malas o tóxicas.

Los tipos de personalidad y los trastornos de la personalidad tienen causas profundas: no nos despertamos un día y nos convertimos en complacientes, egocéntricos o sociópatas. Es importante decidir si las personas difíciles en tu vida están haciendo un esfuerzo por mejorar, tal como lo estás haciendo tú ahora.

Es posible que estas personas hayan aceptado el hecho de que tienen un problema, que hayan buscado ayuda profesional y que también se estén comunicando abiertamente contigo para superar sus problemas. Estas personas aún pueden ser difíciles y lastimarte, pero lo están intentando.

Luego están las personas en tu vida que aún no han reconocido su problema. Va a ser más difícil con ellos, pero no imposible. Cuando estés bien encaminado/a hacia una vida mejor, tendrás las herramientas y el conocimiento para comenzar a mostrarles cómo pueden mejorar su vida.

También te encontrarás con un pequeño puñado de personas que realmente disfrutan siendo como son. Nunca cambiarán porque no creen que sea lo mejor para ellos. Ahora, estas van a ser las personas más difíciles de tratar, pero eso no quiere decir que tengas que tolerar su comportamiento; en cambio, navega por la vida a su alrededor, incluso con su presencia en tu vida.

Una de nuestras primeras tareas es empezar a ver a las personas por lo que realmente son, en lugar de por lo que queremos que sean. Tendemos a crear un conjunto de expectativas y creencias sobre las personas en nuestras vidas y, a menudo, esto nos lleva a saber solo la mitad de quiénes son realmente.

Esto se ve agravado por nuestras experiencias anteriores, pero debemos dejar nuestros prejuicios a un lado y mirar a cada persona por lo que realmente es, sin ignorarla ni excusarla por sus palabras y acciones. Hacer cambios en nuestras propias vidas es lo que va a conducir a los mejores resultados, no desperdiciar esfuerzos tratando de cambiar a aquellos que no quieren.

Imagina cómo sería la vida sin dificultades. Suena raro, pero tal vez sería un poco aburrido. Necesitamos desafíos y contratiempos en nuestras vidas porque son estas experiencias las que nos permiten aprender y crecer.

No estoy sugiriendo que hagamos todo lo posible para encontrar problemas, pero la persona que ha perdido su trabajo y ha tenido problemas financieros ahora puede apreciar el valor del dinero. La persona que ha amado y perdido ahora sabe más sobre sí misma, sus límites y lo que no quiere en una relación. Cualquiera que haya tenido que vivir con un padre o pareja abusivo se ha vuelto más fuerte.

Para poner una perspectiva positiva sobre las personas tóxicas: todos los que conocemos tienen un propósito o una lección que enseñarnos. Ya no vamos a dejar de lado estas experiencias, sino a abrazarlas. Al aprender cómo lidiar con ellos y cómo no dejar que sus acciones te afecten tan dolorosamente como lo han hecho en el pasado, te permitirá crear límites saludables, que es la clave de la felicidad.

Tómate un tiempo para mirar a las personas tóxicas en tu ambiente familiar. ¿Qué tan bien los conoces a ellos y sus experiencias pasadas? ¿Hay algo que pueda haber sucedido para causar su comportamiento? No te concentres en cómo influyen negativamente en tus acciones, pero ve qué cosas positivas puedes sacar de estas relaciones difíciles.

2

¿Tú también estás siendo difícil?

El último capítulo analizó todas las razones por las que otras personas son difíciles. Pero seamos realistas, asumir que todo es culpa de los demás es algo ingenuo. Te resultará increíblemente difícil manejar a las personas difíciles en tu vida si no puedes dar un paso atrás y darte cuenta de que tú también puedes comportarte de manera tóxica.

Esto no es algo bueno ni malo. Es lo que es y nadie es perfecto. Sin embargo, necesitamos tomarnos un tiempo para descubrir si tenemos algunas tendencias negativas que podrían estar empeorando la situación.

Cómo la percepción afecta nuestras relaciones e interacciones

Imagina un curry de pollo picante con tres personas diferentes a punto de comerlo.

. . .

Es el mismo curry, el mismo olor, el mismo color, textura y sabor, pero cada persona tendrá una experiencia diferente. La persona 1 puede encontrarlo demasiado picante, la otra podría pensar que el pollo está seco y la tercera pensará que el color es desagradable.

Lo mismo puede decirse de nuestra percepción de la realidad: cincuenta personas pueden ir a la misma fiesta, la misma realidad, pero cada uno tendrá una experiencia diferente. La forma en que veamos cada experiencia dependerá en gran medida de nuestras expectativas, de nuestras experiencias pasadas e incluso del estado de ánimo en el que nos encontremos en ese momento.

Los estudios respaldan esta visión diferente de la realidad.

Cuando dos equipos de fútbol jugaban un partido, se pedía a los aficionados que anotaran todas las faltas cometidas. Fueron los seguidores del equipo ganador los que pensaron que había el doble de faltas de las que realmente había cometido su equipo.

Desde este estudio, otros han mostrado los mismos resultados: que las personas no son objetivas y pueden ver las cosas de maneras muy diferentes. El mejor ejemplo de esto hoy en día a menudo se puede ver en el hogar con respecto a la equidad. En algún momento, la mayoría de nosotros hemos discutido sobre las tareas del hogar y quién está haciendo su parte justa. A pesar de todos los hechos, la pareja no parece estar de acuerdo en la parte justa.

Debemos mirarnos a nosotros mismos y decidir qué comportamientos y hábitos tenemos que se pueden mejorar.

Puedes mirar el capítulo 1 y ver si algo te suena. Todo lo que se aplica a las personas tóxicas en tu vida también se puede aplicar a ti. Te sugiero responder y reflexionar con las siguientes preguntas, a manera de autoevaluación, para ayudarte a comprender más acerca de las posibles cualidades negativas de tu propia personalidad.

1. ¿Prefieres hablar a escuchar?
2. ¿Disfrutas del drama en tu vida?
3. ¿Te cuesta ver los puntos de vista de otras personas?
4. ¿Te resulta fácil decir mentiras?
5. ¿Te gustan los chismes?
6. ¿Pasas mucho tiempo pensando en el pasado?
7. Cuando surgen problemas, ¿te culpas a ti mismo/a o a los demás?
8. ¿Te resulta fácil disculparte cuando te equivocas?
9. ¿Guardas rencores o puedes dejar pasar las cosas?
10. ¿Está bien burlarse de los demás para hacer reír a la multitud?

11. ¿Vuelves las cosas personales, especialmente en las discusiones?
12. ¿Minimizas los logros de otras personas?
13. ¿Tomas más de lo que das?
14. ¿Puedes ser demasiado crítico/a con los demás?
15. ¿Has notado que las personas tienden a evitarte o desaparecen de tu vida sin una razón en particular?
16. ¿Eres pasivo-agresivo/a o utilizas la manipulación emocional (como la ley del hielo)?

Las personas generalmente no son tóxicas o no tóxicas.

Hay diferentes grados dependiendo de la situación, por lo que no estás buscando una respuesta de sí o no a si eres tóxico/a.

Puede ser que disfrutes del drama y los chismes, pero eres más que capaz de disculparte y perdonar a los demás y dejarlo en el pasado; esto apunta a una persona que puede tener momentos tóxicos pero que generalmente es amable y agradable. El problema es que, por ejemplo, la tendencia a los chismes puede afectar seriamente la felicidad de los demás y podrían verte como una persona tóxica debido a este comportamiento.

El poder de la aceptación

. . .

La aceptación puede ser una herramienta increíblemente poderosa tanto para escenarios pasados como presentes. Tu pasado ha dado forma a la persona que eres hoy. Tal vez fue una infancia difícil, abandonaste la universidad o empezaste un negocio que no despegó. Todas estas acciones han sido significativas en tu vida, y muchos de nosotros todavía nos aferramos a estos momentos.

Pero, ¿cómo te está ayudando eso en este momento? ¿Es saludable para ti seguir repitiendo los momentos negativos de tu vida? Sé que durante años me aferré a la relación que tenían mis padres. Miré mi propia relación y comparé los problemas, puse excusas y culpé a mi pasado por los problemas que estaba teniendo.

Lo que debería haber hecho era simplemente aceptar que era lo que era. Por supuesto, no es tan fácil como parece, pero es tu elección aceptar lo que te ha sucedido hasta ahora y dejarlo donde corresponde.

En el presente, el goteo constante de cambios y eventos impredecibles puede dejar nuestras mentes en medio de una tormenta, debatiendo las decisiones correctas a tomar, por qué siempre te suceden estas cosas y cómo vas a sobrevivir. O bien, puedes decidir aceptar los desafíos que se te presenten.

. . .

Aprender a aceptar es como una tormenta asombrosa. Antes de la tormenta, el aire es denso y pesado. El momento de la aceptación es la lluvia, que se lleva toda la negatividad; finalmente, te quedas con un cielo despejado y es más fácil ver el camino correcto a seguir.

Ten cuidado de no caer al otro extremo, la aceptación no se trata de un estado de no hacer nada: si alguien te roba el coche, no lo aceptas y empiezas a buscar uno nuevo. Sin embargo, lo informas a la policía y aceptas que esta es la situación en la que te encuentras en este momento.

Lo que también debes hacer es tomar todo de una situación aceptada y aprender de ella. Volviendo al ejemplo del automóvil: lo has informado, que es todo lo que puedes hacer en esta situación y has aprendido la valiosa lección de elegir mejor tu área de estacionamiento, tal vez incluso pagando por un estacionamiento seguro en lugar de dejarlo en la calle.

Revivir la situación y jugar el juego de "qué pasaría si…" solo te va a agotar mentalmente, ya que no tienes el poder para cambiarlo. Una vez que puedas hacer esto con otras áreas de tu pasado, pronto verás que tu perspectiva cambia, y los eventos futuros que de otro modo te habrían arrojado nuevamente a una tormenta ahora pueden manejarse con una perspectiva positiva.

. . .

Como dije, esto no es fácil. Con el tiempo, hemos entrenado inconscientemente nuestros cerebros para mantener un control firme sobre las experiencias negativas en lugar de aceptarlas; es un hábito y sabemos lo difícil que es romper un hábito.

Después de una cierta cantidad de comportamiento repetido, las acciones se mueven desde la parte de decisión de nuestro cerebro (la corteza prefrontal) al área de hábitos de nuestro cerebro (los ganglios basales).

Por ejemplo, cuando estamos aprendiendo a conducir, nuestra corteza prefrontal está muy activa, pero después de un tiempo, las acciones se vuelven una segunda naturaleza, ya no es una experiencia de aprendizaje que requiere la toma de decisiones, sino que conducir es un hábito.

En su mayor parte, esto hace la vida más fácil ya que no necesitamos concentrarnos en algunas de nuestras tareas diarias, pero no nos ayuda cuando se trata de nuestros malos hábitos como no poder aceptar lo que ha pasado. Tenemos que aprender a romper este bucle de hábitos.

Para romper hábitos, tenemos que reconocer qué es lo que queremos hacer diferente. En este caso, tenemos que reconocer cuando estamos demasiado apegados a un evento: digamos que no cambiaste de carrera cuando tuviste la oportunidad y ahora odias tu trabajo. Debes detectar el estrés y la negatividad que sientes cuando comienzas a pensar en lo que deberías haber hecho. Inmediatamente comienza a pensar en lo que has aprendido – ahora sabes que cuando surgen oportunidades, debes sopesar cuidadosamente los pros y los contras antes de tomar una decisión final.

¿Qué puedes hacer con tu comportamiento tóxico? En este punto, te has mirado más de cerca y ahora puedes ver qué partes de tu personalidad o comportamiento son tóxicos o quizás alimentan el comportamiento de las personas tóxicas en tu vida. Si bien no debes culpar a los demás por lo que sucedió en tu vida, tampoco debes castigarte a ti mismo/a por ello; esto se remonta a la aceptación. Lo que ha pasado ha pasado y ahora es el momento de seguir adelante.

A continuación, se presentan algunos pasos a seguir para que puedas convertir cualquier aspecto negativo en positividad y amabilidad:

- Toma lo que has aprendido sobre ti y ve si otros pueden agregar algo a tu nuevo conocimiento. No siempre es fácil detectar nuestras propias fallas, por lo que los comentarios constructivos de las personas que amas y en las que confías pueden permitirte obtener una imagen más completa.

- No te pongas a la defensiva cuando las personas te den retroalimentación. No intentes culpar a otros ni ofrecer excusas porque ese no es el propósito del ejercicio, mejor toma nota de lo que te están diciendo para que puedas incorporar estos cambios también.
- Amplía tus relaciones. Esto puede sonar un poco extraño, pero mira si tus amigos son todos de la misma edad, raza, religión y contexto. Probablemente encontrarás que tienes valores y creencias similares. No hay nada de malo en esto, pero si puedes expandir tus relaciones para incluir una gama más amplia de personalidades y experiencias, podrás aprender más sobre cómo manejar temas con los que no estás familiarizado/a. Es posible que conozcas a personas que tienen experiencia de primera mano en el trato con narcisistas o en generar confianza en las relaciones.
- Pide las disculpas necesarias. Si tu introspección y comentarios han descubierto acciones que justifican una disculpa, ahora es el momento. No hay necesidad de hacer una gran canción y bailar, pero al mismo tiempo, tu disculpa tiene que ser sincera; considera esto como un nuevo comienzo.
- Comienza a abordar tus comportamientos negativos uno por uno. Al realizar cambios, siempre es mejor hacer pequeños cambios que van a durar en lugar de demasiados de una sola vez que no durarán. Por ejemplo, si solías restar

importancia a los logros de tus hermanos, podrías sorprenderlos con una cena de celebración. O si tienes la costumbre de hablar demasiado o interrumpir, podrías usar un temporizador, reentrenando tu cerebro para convertirte en un/a mejor comunicador/a.

Para muchos, este parecerá un capítulo extraño para un libro cuyo objetivo es ayudarte a lidiar con otras personas tóxicas. Es más probable que no seas tóxico/a y que solo haya algunas cosas que puedas modificar para que tus interacciones sean más fructíferas y menos conflictivas.

La conclusión clave de este capítulo es que nadie es perfecto y la perspectiva puede ayudarte no solo ahora, sino también en las relaciones futuras. Solo puedes hacerte responsable de tu propio comportamiento: las acciones de los demás son su propia responsabilidad, no tuya.

3

Todo comienza contigo

No hay nada que empodere más que tomar una mala situación y saber que puedes cambiarla para mejor. El cliché es mirarse larga y duramente en el espejo, pero seamos realistas, las personas tóxicas en nuestras vidas han hecho que esto sea muy difícil debido a una completa falta de autoestima. Lo más probable es que solo nos sintamos peor con nosotros mismos.

El punto es que, si puedes superar las palabras y acciones de los demás, podrás mirarte en el espejo y ver tu verdadero valor. El primer vistazo es sobre las arrugas adicionales o tal vez el extraño cabello alborotado; pero vamos más allá, cuando te tomes un poco más de tiempo para volver a mirar tu reflejo, comenzarás a ver ojos amables que tienen mucha sabiduría y amabilidad para ofrecer, de la manera correcta y a las personas adecuadas.

. . .

Volvamos a esas arrugas que vemos en el espejo, y si no hay arrugas, puede haber bolsas o manchas u otras señales de un camino lleno de luchas. La primera vez que probé esto encontré todas las excusas posibles: las bolsas debajo de mis ojos se debían al estrés que me causaban mis relaciones, mi piel dañada se debía al cansancio... por el estrés que me causaban mis relaciones. ¡Y puedes adivinar por qué había aparecido una papada!

Bueno, no tenía la energía para hacer ejercicio debido a los mismos problemas. Lo que en realidad es lo peor de culpar a otros por tus problemas es que estás entregando inmensas cantidades de poder: si una persona tiene tanto control sobre tu vida y puede causar efectos tan negativos, entonces tiene demasiado poder.

Todo comienza con encontrar tu propio poder. No es un poder falso, no uno impulsado por tu ego o la necesidad de controlar, sino un poder verdadero. Es un cóctel de ingredientes que incluyen el amor, la capacidad de saber quién eres realmente y la aceptación de la que hemos hablado antes.

Se trata de construir tu propia vida de una manera que no imponga las cosas a los demás, pero al mismo tiempo, no significa permitir que la gente te pisotee. Al establecer los límites correctos que no te dañan a ti ni a los demás, puedes experimentar un poder asombroso desde adentro.

. . .

Para algunos se necesita una experiencia cercana a la muerte para apreciar el poder que tienen, otros comienzan a encontrarlo en un camino espiritual o religioso. Para el resto de nosotros, comienza por aprender quiénes somos realmente.

Ya hemos comenzado este paso observando nuestros posibles defectos y comportamientos negativos, pero hay más que eso. Si has estado demasiado tiempo rodeado/a de personas tóxicas (y así ha sido, pues todos hemos pasado una gran cantidad de tiempo con nuestras familias), es posible que hayas perdido el contacto contigo mismo/a.

Tómate un momento para pensar en tus cualidades positivas: tu gran corazón, el amor que tienes para dar. ¿Qué cosas te gusta hacer? ¿Tienes aficiones o las has olvidado? Lo mismo puede decirse de tus objetivos. ¿Qué te motiva y qué quieres lograr en la próxima semana, mes, seis meses o año? Una vez que hayas respondido esas preguntas, puedes seguir algunos pasos simples para encontrar tu verdadero poder.

Disfruta del silencio. ¿Alguna vez has notado que constantemente hay algún tipo de sonido o distracción en nuestras vidas? Tu celular te tienta, la tele está encendida o siempre hay alguien hablando contigo. Estás drenando/a. Aprende a alejarte de estas distracciones y a apreciar el efecto calmante del silencio.

. . .

Sigue una rutina, una rutina es una excelente manera de establecer control sobre tu vida. También te permite estructurar tu día para que sea eficiente y puedas ahorrar tiempo. Cada rutina debe permitir cierta flexibilidad, pero organizar tus tareas diarias en una rutina te permite concentrarte en los aspectos más desafiantes de cada día.

Pasa más tiempo con aquellos que te hacen sentir positivo/a. Llegaremos a esto más adelante porque primero, tienes que crear más tiempo libre diciendo no a aquellos que están creando negatividad. Sin embargo, rodearte de energía positiva te da fuerza.

Cuida tu cuerpo: no tienes que seguir una dieta súper estricta o ir al gimnasio todos los días. El ejercicio regular, como caminar, nadar o incluso actividades como el yoga, es perfecto para el cuerpo y la mente. Hacer más ejercicio te ayudará a dormir mejor y cuando lo combinas con una dieta equilibrada, tu energía aumenta.

Crea un hogar feliz. Nuevamente, en términos de relaciones, veremos esto más adelante, pero hay otras formas de hacer un hogar feliz. Siempre ayuda si tu casa está ordenada y, por supuesto, cómoda. Cuando llegas a casa al final del día, necesitas un lugar seguro donde relajarte.

. . .

La meditación es una herramienta extremadamente valiosa para conectarte con tu poder interior. No todo el mundo encuentra fácil meditar, al menos no al principio, pero esta disciplina te ayuda a concentrarte, calmar la mente y reducir el estrés y la ansiedad.

Todos estos pasos te guiarán hacia el descubrimiento de ti mismo/a y tu verdadero poder. Solo una vez que aprecies el poder que tienes dentro de ti podrás aplicar el resto de los consejos de este libro. Pero entonces, ¿cómo pasamos de encontrar nuestro poder a experimentar la libertad?

Convierte tu poder en libertad

Aunque no culpo a la sociedad, he descubierto que vivimos en un mundo donde no es aceptable expresar nuestras verdades. La gente pregunta cómo estamos y respondemos con palabras como "bien" y "excelente", aunque la realidad es que no lo estamos.

Por alguna razón, si discutimos nuestros problemas somos considerados una persona aburrida y negativa. Si hablamos de nuestros éxitos, simplemente estamos presumiendo. Incluso cuando encontramos nuestro poder, todavía hay un peso que nos agobia. Tenemos que darnos cuenta de que la única forma de deshacernos de este peso y permitir que el poder haga su magia es decir la verdad.

. . .

No hay necesidad de que sigas sufriendo en silencio. Los traumas que sufrimos son demasiado para luchar solos y al compartir estas experiencias, no solo te ayudas a ti mismo/a sino también a los demás. Imagina que has vivido con un padre abusivo, y por el otro lado, un amigo ha perdido recientemente su trabajo y, por lo tanto, su hogar, pero te encuentras con él y dices que todo está bien.

Alternativamente, imagínate si contaras tu historia y te sinceraras sobre el dolor que has experimentado. Lo más probable es que otras personas también se sientan más seguras para contar sus historias y liberarse de su propia carga. Lo hemos visto a escala global con movimientos como *Black Lives Matter* o *Me Too*.

Al decir la verdad sobre nuestras situaciones, entendemos que no estamos solos y que existe una comunidad sólida de personas que están pasando por experiencias similares y esto empodera a todos los involucrados. Confiar en una sola persona te permitirá crear una relación mucho más profunda con esa persona: una amistad genuina basada en la honestidad en lugar de lo que creemos que debemos decir.

Además, decir la verdad abre la puerta a nuevas perspectivas en las que no habías pensado. Tu amigo puede tener palabras de sabiduría con respecto a tu familia abusiva y también podrá resaltar tus cualidades positivas y, lo que es más importante, recordarte tu autoestima.

No siempre es fácil abrirse hasta tal punto por miedo a que se rían de ti, te digan que lo superes o que menosprecien tus experiencias, además de la dificultad personal que implica el identificar y aceptar que hemos vivido algún abuso. Además, no todos sentirán que tienen una persona en su vida con la que pueden hablar.

En este caso, la terapia puede ser una gran solución. Incluso entonces, sé que la idea de hablar con un completo extraño puede ser más aterradora que hablar con un amigo. Si todavía no estás listo/a para compartir tus verdades con el mundo, al menos trata de llevar un diario. Este será un buen comienzo para abrirte y disminuir la carga mientras continúas encontrando tu fuerza interior.

Recuerda que hay una diferencia entre compartir nuestras dificultades y traumas y simplemente quejarnos todo el tiempo. Ya sea tu diario o tu amigo, decir la verdad se trata de liberarte de lo que te impide ser más fuerte.

Quejarte del clima, el tráfico y tu familia en cada oportunidad no es productivo. Tu amigo podría darse la vuelta y comenzar a quejarse de tus quejas diarias y ambos se sentirán agotados. Para que ambos se vayan sintiéndose más ligeros, aliviados y más conectados, es importante concentrarse en los problemas más significativos y profundos por los que están pasando o por los que han pasado.

Reconocer cómo tus elecciones y creencias limitan quién eres

Las elecciones que hemos hecho en el pasado nos han llevado a donde estamos hoy y eso está bien porque ahora lo hemos aceptado. Sin embargo, las elecciones que hagas de ahora en adelante tendrán un impacto en todos los aspectos de tu vida.

Cada elección que hacemos proviene de nuestros pensamientos. Como hemos visto, nuestra visión de la realidad va a impactar en nuestras decisiones, pero no podemos olvidarnos de los pensamientos y creencias que creamos sobre nosotros mismos. Veamos dos ejemplos:

#1. La vida es dura: estás estresado/a, cansado/a y, en general, no te diviertes. Hay muchas disputas y discusiones dentro de tu hogar y sabes que un día festivo romperá el ciclo y te dará la oportunidad de presionar el botón de reinicio.

Después de una semana de descanso, te das cuenta de que la vida es definitivamente mejor, pero solo se necesita una semana, tal vez dos, para que las cosas vuelvan a ser como antes.

#2. Te independizaste de tu familia hace un tiempo y acabas de empezar a socializar de nuevo. En una fiesta, diez personas te felicitan y una dice algo que te ofende. En lugar de dejar que tu confianza brille por una vez, te obsesionas con el único comentario negativo.

Ambos escenarios se remontan al mismo problema: tus pensamientos. Y aunque estás haciendo el esfuerzo de cambiar tu situación, estás atrapado/a en cambiar tu entorno o circunstancias en lugar de llegar al fondo del problema, que son tus pensamientos sobre la vida.

Puedes cambiar tu entorno yendo de vacaciones o mudándote, pero esto solo cambia tus pensamientos temporalmente. Has hecho bien en dejar a tu familia tóxica, pero hasta que te veas bajo una nueva luz, tu mente seguirá en esa relación. En tus pensamientos está la raíz de todo.

Cuando piensas mal de ti mismo/a, tu autoestima disminuye, hablas en voz baja y miras al suelo. No tienes la confianza para tomar las decisiones correctas y, por lo tanto, tus elecciones pueden no ser siempre las correctas. Por otro lado, cuando eres capaz de pensar en ti mismo/a de una buena manera, tu lenguaje corporal lo refleja. Se vuelve más fácil ver más allá del gris, lo que significa que se iluminan caminos alternativos.

Estas alternativas permiten ver los problemas desde diferentes ángulos y tomar una mejor decisión. El truco consiste en desviar nuestro enfoque de lo que percibimos como el problema y reconocer que el problema real es cómo pensamos sobre el problema.

Te sientes feo/a. El problema no es que seas feo/a, el problema es que te creas feo/a. Cuando podemos cambiar nuestros pensamientos sobre una situación, la solución se vuelve más fácil. La solución, en este caso, no es que necesites perder peso, cambiar tu peinado y comprar ropa nueva. La solución es cambiar la forma en que piensas sobre tu persona.

Cómo superar tus creencias limitantes y tomar el control de tu poder

Necesitamos tomar todas nuestras creencias limitantes y primero apreciar que lo único que están haciendo es detenernos. No son un método de autoprotección. A menudo escucho cosas como: "Sí, pero si no tengo hijos, no hay posibilidad de entrar a una familia abusiva de nuevo". Parece que estás tratando de protegerte, pero en realidad estás limitando tus posibilidades de encontrar una pareja amorosa y formar una buena familia.

. . .

Tu tarea para el capítulo 3 es tomarte un tiempo para comprender por qué toleras ciertos comportamientos, cómo dejar de tolerarlos y, finalmente, cómo superar tus creencias limitantes. Vamos a hacer esto con los siguientes pasos:

1. ¿Por qué toleras ciertos comportamientos? Si tu familia insiste, por ejemplo, en que hagas cosas que no quieres, ¿por qué es más fácil enojarte y alejarte que establecer un límite firme? La razón por la que toleramos este tipo de acciones a menudo es que hemos estado sujetos a control, crítica, sobrevaloración, negligencia o una combinación de ambos durante nuestra infancia.

Cuando éramos niños, desarrollamos métodos de afrontamiento para estos tratamientos, como retraernos, volvernos pasivos y moderados, o enojarnos. Llevamos estos métodos de afrontamiento con nosotros hasta la edad adulta. Si viviste con un padre que insistía en que hicieras todo a su manera, es posible que hayas tratado de combatirlo cuando eras niño o niña y te diste cuenta de que tus esfuerzos eran infructuosos.

Cuando te encuentras en una relación adulta controladora, continúas con el mismo comportamiento que aprendiste como infante. Así que pregúntate, ¿cuáles son los comportamientos que toleras y de dónde viene esto?

2. Determina la fuente de tus creencias limitantes. Al igual que tolerar un comportamiento que no te gusta, tus creen-

cias limitantes también tendrán su origen. Tal vez tu padre o madre te dijo que "nunca llegarías a ninguna parte en la vida con esa actitud", o incluso algo aparentemente inocente como: "necesitas encontrarte un esposo/esposa". Esto, por ejemplo, puede animarnos a sentir que solo alcanzaremos nuestro máximo potencial cuando estemos con alguien más.

3. Restablece tus creencias. Lo que sea que te dijeron en el pasado no tiene reflejo en tu vida hoy.

Recuerda que cuando escuchas lo que te dice la gente tóxica, estás entregando tu poder, y tu actitud puede ser la clave de lo que te impulsará hacia adelante. No necesitas a nadie más para estar completo/a, es todo lo contrario, debes estar completo/a antes de comenzar una nueva vida.

4. Encuentra modelos a seguir que encajen con tus creencias positivas: para reforzar que tu nueva creencia es la correcta, busca personas que puedan respaldar tus nuevos pensamientos.

Busca ejemplos de personas independientes que viven sus vidas como quieren, pero aun así tienen una relación saludable. Si crees que eres feo/a, pasa tiempo con aquellos que te hacen cumplidos y acéptalos.

. . .

5. Juega en el peor de los casos. Representar el peor de los casos no es lo mismo que vivirlo, el hecho de que lo hayas imaginado no lo convierte en el destino. Lo que sí hace es prepararte para cada posibilidad. Por ejemplo, si estás debatiendo un cambio de carrera, lo peor que podría pasar es que lo odies absolutamente; si eso sucede, debes prepárate para buscar otro trabajo.

Por otro lado, para asegurarte de no centrarte demasiado en lo negativo, también podría significar conocer gente nueva, establecer contactos, aprender, avanzar en la carrera profesional, etc. Cuando observas el peor de los casos, verás que al final del día, ¡sobrevivirás!

6. Pon a prueba tus nuevas creencias, ¡sal con amigos y mira cuántas personas te llaman feo/a, por ejemplo!

Siéntete seguro/a de estar soltero/a en lugar de sentir constantemente que te estás perdiendo algo.

Toma el nuevo trabajo. ¿Ocurrió el peor de los casos? En el improbable caso de que lo hiciera, todavía estás de pie, pero si el resultado es positivo, sabrás que tu nueva creencia es sólida. Demostrar que nuestras viejas creencias están equivocadas nos permite liberarnos de nuestros pensamientos obsoletos sobre nosotros mismos, lo que nos lleva al crecimiento.

. . .

7. Vuelve a los comportamientos que toleras y haz pequeños cambios. Ahora que has restablecido tus creencias sobre tu persona, habrás encontrado una nueva sensación de confianza. Comenzarás a sentir que eres digno/a de respeto y aprecio.

En algún momento de mi vida estaba completamente inmovilizado por el peso de la toxicidad de mis padres. Nada de lo que pudiera hacer los haría felices, orgullosos o, de hecho, provocaría algún tipo de reacción. Pasé años intentando de todo para que se fijaran en mí, me dije una y otra vez que yo era el problema y que no podía hacer las cosas bien por ellos.

Cuando finalmente entendí que el problema no era yo, sino que yo estaba tratando de cambiarme para hacerlos felices, me di cuenta de que tenía que cambiarme para ser feliz.

Fue entonces cuando me liberé no solo de una relación tóxica, sino poco después de todas las relaciones negativas en las que me encontraba.

Es difícil mirarte a ti mismo/a de una manera tan honesta y es difícil permitirte poner tus creencias y pensamientos por delante de los que te rodean, aún más difícil tener fe en ellos.

Pero puedes hacerlo. Antes de continuar, disfruta de este tiempo de autodescubrimiento, ¡porque ante todo se trata de ti!

4

Entendiendo al sociópata

ANTES DE ANALIZAR MÁS de cerca las causas y los comportamientos sociópatas, quiero aclarar la confusión común entre un sociópata y un psicópata. La televisión y las películas usan los términos de manera bastante intercambiable y, hasta cierto punto, clínicamente, son similares.

Tanto los sociópatas como los psicópatas tienen un trastorno de personalidad antisocial (ASPD). También escuchamos estas palabras para describir comportamientos extremos como asesinatos en serie y asesinatos en masa. Si bien esto es posible, muchos tienen la misma probabilidad de ser un lobo con piel de oveja, apareciendo como cualquier otro ser humano.

¿Cuál es la diferencia entre un sociópata y un psicópata? Un sociópata es alguien que muestra claramente que no le importan los sentimientos de los demás.

. . .

Es extremadamente difícil para ellos formar lazos emocionales y esto significa que el trabajo y la vida en el hogar pueden ser difíciles de mantener.

Los sociópatas son impulsivos en su comportamiento negativo, especialmente cuando se trata de su temperamento. Dicho esto, son capaces de reconocer su mal comportamiento, pero siempre tendrán alguna justificación para ello. Los psicópatas, por otro lado, son capaces de fingir para demostrar que les importa; la palabra clave es fingir.

Los psicópatas no pueden crear vínculos emocionales reales, por lo que las relaciones no serán significativas ni genuinas. Es posible que los psicópatas amen, pero será a su manera. Es particularmente difícil para la otra persona en la relación porque los psicópatas pueden tener un corazón frío y no reconocerán las luchas y el dolor de los demás.

Es común ver a psicópatas usando una vida "normal" para encubrir actividades ilegales. También vale la pena mencionar que tanto los comportamientos sociópatas como los psicopáticos tienen un espectro. Es posible que los psicópatas sientan dolor emocional y quieran ser amados, pero es su propio comportamiento lo que lo dificulta.

. . .

La violencia también es posible para ambos, pero es tan probable que sean violentos consigo mismos como con los demás.

La razón por la que incluimos una comprensión de ambos es que. si notas alguna de las tendencias, comprender las diferencias te permitirá elegir las mejores formas de tratar con estas personas tóxicas.

Ten siempre en cuenta que muchas personas no han sido diagnosticadas y, por lo tanto, desconocen su propio trastorno.

Qué hay detrás de un sociópata

Es el diagnóstico lo que es crucial aquí, no podemos andar diciendo que todos los que tienen arrebatos de ira son sociópatas. El narcisismo es un trastorno de la personalidad que lleva al extremo el egoísmo y la auto obsesión, pero eso no significa que una persona narcisista sea sociópata.

Puedes tener sospechas sobre una personalidad sociópata, pero solo los profesionales pueden diagnosticarla correctamente.

. . .

Una definición de diccionario de un sociópata es alguien "que es completamente incapaz o no está dispuesto a comportarse de una manera que sea aceptable para la sociedad".

Esto es bastante general ya que lo que es aceptable para la sociedad cambia rápidamente. Más específicamente, los sociópatas carecen de empatía y no considerarán los derechos o sentimientos de los demás.

La manipulación es su técnica preferida, pero lo que más puede doler es que no mostrarán culpa por el dolor que causan.

Si te golpeas la cabeza contra una barrera, no habrá empatía, por lo que no podrán reconocer el dolor que sientes. Si un sociópata empuja tu cabeza contra una barrera, no se sentirá culpable por ello.

Ahora, si observas todas tus relaciones, puede parecer que muchas personas en tu vida ahora son sociópatas. A esto lo llamo "Síndrome del Doctor Google": tenemos la sensación de que conocemos el diagnóstico debido a uno o dos síntomas. Cuando investigamos esto, de repente todos los síntomas de Internet se relacionan con nuestra situación.

. . .

Recuerda que todos somos capaces de despegarnos de situaciones dolorosas, lo que puede llevarnos a parecer sociópatas.

Pasar por un divorcio puede dejarte devastado/a, o puede parecer que te quitas el polvo y continúas con tu vida.

Escuchar sobre un tiroteo en la escuela hará que la mayoría se sienta mal por las familias involucradas. Alguien que está en contra de las armas podría hacer un comentario sobre las leyes de armas irresponsables, lo que parece insensible y poco empático. Es solo otra cosa que se remonta a nuestros pensamientos y puntos de vista personales sobre la realidad.

Aun así, si notas algunas de estas características y comportamientos típicos en tus relaciones, lo mejor es que tomes las medidas más seguras y efectivas para que puedas comenzar a vivir tu vida con libertad. Entonces, estas son algunas de las señales de alerta que podrían señalar a un sociópata en tu vida:

- Una falta total de empatía
- Comportamiento impulsivo
- Usar amenazas o comportamiento agresivo para controlar a las personas
- Usar encanto o inteligencia para manipular a las personas

- Decir mentiras para para ganar personalmente
- No aprender de sus errores pasados
- Luchar para formar relaciones significativas
- Violencia, robo y otros delitos
- Falta de responsabilidad cuando se trata de su trabajo o responsabilidades
- Recurrir a las drogas o el alcohol

También debes recordar que los sociópatas son muy buenos para enmascarar su desorden en el mundo real. Un colega que manipula a otros puede parecer que está muy motivado por su carrera, aquellos que tienen un trabajo exigente pueden usar esto como una excusa para su falta de relaciones significativas.

A los sociópatas no les importa el daño que causan sus acciones o son incapaces de reconocerlo. Por esta razón, la sociopatía a menudo no se diagnostica ni se trata. ¿Cómo llega a ser un sociópata? El debate clásico entre todos los psicólogos es "naturaleza versus crianza".

Cuando observamos la naturaleza de los sociópatas, nos referimos a los factores genéticos y biológicos. La crianza, sin embargo, es la influencia ambiental que conduce a ciertos trastornos tanto psicológicos como de comportamiento.

. . .

El debate sobre la crianza se remonta a 1690, cuando el filósofo y médico John Locke creía que casi todos los rasgos del comportamiento humano se desarrollaban a partir de las influencias ambientales. Él acuñó el término "tabula rasa" o "pizarra en blanco" en la psicología del desarrollo humano.

Esta teoría se basa en la idea de que todos los bebés nacen con una pizarra en blanco y sin contenido mental incorporado.

A principios del siglo XX, John B. Watson tomó teorías de Freud y desarrolló los orígenes de la psicología del comportamiento. Llegó a ser conocido como el padre del conductismo purista. Watson creía que los psicólogos deberían centrarse en el comportamiento que se observa en lugar de en el de la mente interna, tenía la idea de que la influencia cultural dominaba cualquier contribución de la herencia.

Otro de los psicólogos más importantes del siglo XX estuvo de acuerdo con Watson. En una entrevista televisiva, B.F. Skinner declaró que se favorece la crianza sobre la naturaleza.

Esto implica que la sociopatía, al igual que otros trastornos antisociales de la personalidad, es el resultado de la crianza de los niños. El maltrato y el abuso son claros ejemplos.

Los niños que sufren de padres abusivos están más inclinados a crecer para volverse agresivos, sin empatía o con dificultades para formar relaciones significativas. Cuando analizamos la crianza, también podemos incluir el trauma como causa de la sociopatía.

Debido a que los trastornos de personalidad antisociales no se diagnostican, los estudios son difíciles. Es por eso que la mayoría de las investigaciones se han realizado sobre quienes han cometido delitos o violencia.

Después de un extenso mapeo cerebral, los científicos han podido mostrar un vínculo entre el traumatismo cerebral y la actividad delictiva. Esto se conoce como sociopatía adquirida. El primer caso fue el de Charles Whitman, un ex francotirador marino que mató a 16 personas en un día en 1966. Su autopsia reveló un tumor cerebral.

Sin ser parcial, algunos argumentarían que la historia de Whitman como francotirador marino podría haber sido un factor de estrés psicosocial y la causa de su violencia en lugar del tumor cerebral. El primer estudio publicado provino de la Universidad de Glasgow. El informe incluyó a 239 asesinos elegibles y encontró que el 21,34% de ellos había tenido o se sospechaba que tenía una lesión en la cabeza.

. . .

Un asesino en serie infame en este informe es Fred West, quien, junto con su esposa, mató al menos a 12 personas. West había tenido un accidente de moto a los 17 años, que lo dejó inconsciente durante dos días.

Dos años más tarde, una mujer de la que estaba tratando de abusar lo empujó por las escaleras, lo que le provocó una nueva lesión en la cabeza.

¡Esto ciertamente no quiere decir que cada persona que muestre tendencias sociópatas vaya a convertirse en un asesino en serie! Pero este es otro factor de crianza, ya sea por abuso infantil o trauma físico, que puede conducir a comportamientos sociópatas en la vida adulta.

Naturalmente, siempre hay dos lados en cada argumento. Algunos creen que la naturaleza es la causa de los trastornos de personalidad antisocial. Debido a la estructura del cerebro, algunas personas simplemente nacen así.

Al usar EEG y MRI, los científicos pueden ver el papel de la enzima MAO-A, que regula las emociones en la amígdala y el hipocampo, y causa bajos niveles de control de los impulsos en personas con trastornos de personalidad antisocial.

Además de tener un desequilibrio en sustancias químicas como la dopamina y la serotonina, los sociópatas pueden tener una circunvolución temporal superior anormal, el término científico para el área del cerebro responsable de la percepción de las emociones, la comprensión del lenguaje y la cognición social.

Entonces, aquellos a favor del debate sobre la naturaleza dirán que un sociópata tiene un daño estructural en el cerebro que ha estado presente desde su nacimiento. Curiosamente, mientras muchos usan el término sociópata y psicópata indistintamente, los expertos de hoy en día ahora creen que la diferencia entre los dos está en cómo comienzan a tener los síntomas. Ambos son personalidades antisociales, pero ahora se cree que el comportamiento de un sociópata se crea (crianza) y un psicópata nace con sus comportamientos (naturaleza).

Se supone que nada de esto debe asustarte. Hemos analizado las causas del comportamiento sociópata en un intento de comprender mejor a las personas tóxicas en nuestras vidas, como hicimos en el primer capítulo. Aprender las causas fundamentales del comportamiento de las personas nos permite ver las cosas desde su punto de vista.

Sin embargo, como también he dicho y debo reiterar, no es lo mismo comprender que excusar o tolerar. ¿Cómo puedes detectar a un sociópata antes de que empiece a tener poder sobre ti? Después de leer la sección anterior, es posible que sientas que las personas tóxicas en tu vida no son sociópatas o psicópatas porque no andan por ahí cometiendo crímenes y tramando asesinatos en masa.

Estos son los ejemplos extremos y, como se mencionó, las personas con trastornos de personalidad antisocial (TPA) son excelentes para ocultar los comportamientos que no quieren que veas. Debido a esta capacidad de enmascarar comportamientos, es más probable que conozcas a alguien con TPA.

La prevalencia de la psicopatía varía de un estudio a otro. En general, el 1% de la población tiene rasgos psicópatas, ¡así que solo necesitas conocer a 100 personas! La prevalencia de la sociopatía es del 4% de la población, o sea que una de cada 26 personas que conoces mostraría rasgos sociopáticos.

Como ya hemos mencionado las señales de alerta para ayudarte a detectar a un sociópata, ahora veremos ejemplos específicos de cómo las personas con TPA pueden hacer las cosas.

Incrementan su encanto
Hay personas en el mundo que son naturalmente muy encantadoras y es normal que nos atraigan estas personali-

dades. Pero su encanto es consistente, lo que significa que no cambiarán el nivel de encanto dependiendo de su audiencia.

Las personas con TPA pueden adaptar su encanto, por lo que, si interactúan con un introvertido, el encanto se acomoda a esta necesidad particular. Por el contrario, si están hablando con un extrovertido, subirán el nivel del encanto.

Cambian tu opinión sobre los demás

Si conoces a una nueva persona y al principio te gusta, pero luego notas características que van en contra de quién eres, es tu elección que no te gusten. Si te gusta alguien, pero una persona con TPA comienza a chismear o a llenar tu cabeza con ideas venenosas sobre la otra persona para que cambies de opinión, entonces estás presenciando el comportamiento temprano de TPA.

Son desleales

Tan pronto como este tipo de personas te convencen de que no te gusta alguien, podrían ser las mejores amigas de esa otra persona al día siguiente. La falta de empatía y conexiones con los demás hace que sea muy fácil para ellos cambiar de bando en una discusión, especialmente si es para su propio beneficio.

Juegan el juego de la culpa

Tanto los sociópatas como los psicópatas pueden hacerte

sentir que tienes la culpa de todo. Puedes tratar de tener una conversación tranquila sobre una preocupación y, de repente, tú eres dramático/a, no puedes hacer nada bien y te estás quejando constantemente.

Independientemente de cómo manejes una situación, te harán sentir como si la otra persona fuera la víctima. También usarán esto como una excusa de por qué no se llevan bien con los demás porque la otra persona tiene la culpa.

Actúan como si estuvieran por encima de las reglas

A pesar de ser muy inteligentes y comprender las reglas de todo, desde un juego hasta las interacciones sociales, estas reglas no se aplican a estas personas. Tienen una creencia genuina de que las mismas reglas por las que vives no se aplican a ellos; este es ciertamente el caso cuando se trata de ganancias financieras.

Son tu confidente más confiable

Para poder manipular tus emociones para que puedan obtener lo que quieren, primero tienen que hacer que te abras a ellos. Una vez que se hayan ganado tu confianza y comiences a compartir tus sentimientos, entonces tendrán municiones para usar en tu contra. Recuerda que el TPA se trata en gran medida de no mostrar interés en las emociones de otras personas, así que pregúntate por qué esta persona está tan dispuesta a ayudarte.

Tejen una red confusa de mentiras

Las personas con TPA cambiarán sus historias según su audiencia y sus propios objetivos. Eventualmente, tantos cambios en la historia se convierten en una compleja red de mentiras que ni siquiera ellos pueden seguir. Si detectas una mentira y les presentas esto, cambiarán los papeles. Puedes sentir que tú eres paranoico/a y ellos tendrán las habilidades para hacerte dudar de ti mismo/a.

Tienen una personalidad cambiante

Por un lado, serán muy buenos para controlar su personalidad. Por otro lado, la falta de control de los impulsos y los arrebatos de ira pueden hacer que las personas con TPA se parezcan a Jekyll y Hyde.

No muestran remordimiento

Todos cometemos errores en algún momento, algunos son más grandes que otros. La mayoría de las personas pueden superar lo que han hecho, apreciar que tienen la culpa y sentir remordimiento, el siguiente paso natural es disculparse. El TPA hace que no tengan sentido de sus malas acciones, o simplemente no les importa y, por lo tanto, no se arrepentirán.

Autoprotección y trato con un sociópata

. . .

En primer lugar, si tienes un sociópata o psicópata en tu vida que tiene tendencia a volverse violento o si temes por tu seguridad de alguna manera, ¡busca ayuda! No te digas a ti mismo/a que es algo de un solo momento o que no lo dijeron en serio.

Sé lo increíblemente difícil que es llamar a las autoridades por alguien a quien amas, especialmente un familiar, pero míralo desde un punto de vista diferente. ¿Qué sucede si no los denuncias y luego descargan su enojo con otra persona? Te vas a sentir responsable. ¿Qué pasa si esta no es la primera vez y la próxima vez terminan hospitalizándote, o algo peor?

Si no te sientes capaz de comunicarte con la policía, comunícate con un amigo o algún otro familiar que pueda ayudarte, incluso un terapeuta. También debes tener un plan para cuando una persona se vuelva violenta: un buen plan es tener preparada una maleta con tus documentos imprescindibles, un teléfono extra y una copia de la llave de tu coche.

Puedes configurar una cuenta bancaria separada, incluso si solo tienes pocos ahorros, sabrás que tienes suficiente para salir de inmediato. Si no conoces a nadie con quien quedarte, no debe avergonzarte el ponerte en contacto con un refugio para víctimas de abuso. Tu plan tendrá que ser más estructurado y detallado si hay niños involucrados.

Siempre que sea posible, ¡sal cuando la otra persona no esté en la casa! Por supuesto, no todas las situaciones van a conducir a la violencia. Aquí hay algunas técnicas que te ayudarán a lidiar con los sociópatas y protegerte de ellos:

No intentes arreglarlos

Es posible que un sociópata ni siquiera sea consciente de su propio comportamiento y rara vez esté dispuesto a obtener la ayuda necesaria. Desafortunadamente, solo los psicoterapeutas calificados pueden brindar un tratamiento específico, por lo que no puedes arreglarlos. Intentarlo solo puede empeorar la situación.

Evita revelar información personal

Debido a su necesidad de manipulación, siempre es mejor no compartir demasiado con un sociópata. Por ejemplo, no debes discutir tu salario con un socio con TPA porque pueden intentar usarlo en tu contra cuando se trata de pagar cosas; también debes evitar hablar sobre tus otras relaciones y los detalles de tu trabajo.

Confía en tus instintos

Si has perdido tu confianza, es perfectamente normal que cuestiones tus instintos; trata de no concentrarte en el pasado y escucha lo que tu instinto te dice ahora. La mayoría de las veces, podemos sentir una mentira o una manipulación, ten fe en esto y trata de dar un paso atrás en lugar de reaccionar y envolverte en otra realidad. Nunca tomes sus palabras como ciertas si sientes lo contrario, cuestiona todo.

Establece tus límites y di no
Tus límites son cruciales para tu seguridad y bienestar mental y físico, tus límites expresan con qué te sientes cómodo/a y con qué no. Por ejemplo, es posible que estés feliz de mudarte con alguien, pero no deseas combinar tus finanzas. Incluso cuando alguien insiste, debes permanecer firme en tu "no", ayudará a protegerte de la manipulación.

Encuentra el tomar y dar
Si bien habrá algunos límites difíciles que no se cruzarán, hay otras situaciones en las que podrías encontrar una solución que no cruce tu límite pero que también impida que el sociópata se enoje o se enfade, previniendo un resultado violento.

Siguiendo el ejemplo anterior, puedes acordar una cuenta conjunta pero aun así mantener tus cuentas separadas.

Aléjate cuando sea necesario
En algunos casos, se necesita todo nuestro esfuerzo para

no enfadarnos o molestarnos. Como solo eres responsable de tus propias palabras y acciones, a veces lo mejor que puedes hacer es dejar un espacio entre tú y la otra persona. Las personas con TPA quieren ver una reacción, por lo que seguirán presionando. Aléjate, tómate un tiempo para procesar cómo te sientes, cálmate y cuando estés listo/a, puedes volver a la situación.

Dedica tiempo a otras relaciones
Aprovecha al máximo las relaciones positivas en tu vida.

Estos podrían ser amigos, compañeros de trabajo, incluso alguien a quien acabas de saludar en el supermercado. Podrás encontrar fortaleza en tus otras relaciones que te ayudarán cuando trates con sociópatas.

Es lo que hacen, no lo que dicen
Todos hemos escuchado las palabras: "Cambiaré/He cambiado/Soy una persona diferente ahora". Esto puede ser cierto, pero las palabras son fáciles de decir, especialmente para un sociópata. Solo sabrás si lo dicen en serio cuando empieces a ver un cambio en sus acciones.

Habla con un profesional
El hecho de que tú no tengas TPA, no significa que no estés bajo una presión inmensa. Algunas personas se sienten más cómodas hablando con un extraño que con un

amigo y un terapeuta profesional podrá ayudarte a comprender lo que estás experimentando y ofrecerte orientación.

Identifica cuándo es mejor terminar la relación

Terminar una relación o cortar los lazos con un miembro de la familia nunca será fácil. Es una decisión personal que solo tú puedes tomar. No puedes sentirte culpable por esta decisión y debes tener mucho cuidado de no dejar que usen sus técnicas de manipulación para que te quedes, lo mejor es cortar toda comunicación con un sociópata cuando terminas una relación; esto significa bloquear llamadas y mensajes y eliminar perfiles de redes sociales. Cortar todo contacto reduce la posibilidad de que puedan hacerte cambiar de opinión.

Consejos y trucos para recuperar el control y comenzar a sanar

Has hecho bien en decidir romper tu relación con la persona sociópata en tu vida y has dado ese primer paso tan importante. Al igual que con cualquier "ruptura", es difícil mantenerte fuerte y no empezar a pensar en lo que te puedes estar perdiendo, si la persona ha cambiado o si simplemente cometiste un gran error.

Tus instintos te han dicho que esta fue la elección correcta y sabemos que los sociópatas rara vez van a cambiar, es mucho más efectivo comenzar a mirar hacia un futuro más brillante que volver a un pasado oscuro. Aquí hay algunos consejos y trucos para ayudarte a superar este tipo de relación tóxica.

¡No los contactes! Haremos hincapié en esto de nuevo. A menudo tenemos la tentación de enviar un recordatorio sobre algún asunto pendiente o un mensaje de feliz cumpleaños.

Hacerlo le da poder a la otra persona, pues verá una pequeña grieta y volverá a entrar.

No la busques en línea, pases por su casa ni preguntes a amigos mutuos por ella. La mayoría de las veces, solo queremos saber que les está yendo bien porque eso es lo bueno que se puede hacer, sin embargo, solo te estás torturando a ti mismo/a.

Puedes comenzar a recordar los buenos tiempos y olvidar o minimizar la gran razón por la que se fue en primer lugar.

Apóyate en amigos durante los tiempos difíciles. A nadie le gusta que le recuerden los momentos horribles en una relación y más aún cuando es tan importante como una relación familiar, pero si te resulta particularmente difícil mantenerse fuerte, usa a tus amigos para que te ayuden en estos momentos. Un buen amigo no te dirá lo que ya sabes, pero podrá recordarte por qué terminaste la relación en primer lugar.

También, identifica tus factores desencadenantes. Un desencadenante es cualquier cosa que puede llevarte a los mismos patrones o comportamientos que antes. Personalmente, mis factores desencadenantes son los cumpleaños, las vacaciones y los aniversarios: como sé que estos son tiempos difíciles, puedo prepararme con anticipación para poder decir mejor que no sin retroceder.

Cuídate mucho más: el cuidado personal y la paciencia son dos de las claves para recuperar tu poder. Saber que la recuperación lleva tiempo evitará que te regañes cuando las cosas no vuelvan a la normalidad tan rápido como esperabas. Y, en este tiempo, puedes hacer ejercicio, concentrarte en tu dieta, explorar nuevos pasatiempos, hacer nuevos amigos y relajarte.

Imagina que este momento es tu tabula rasa, tu pizarra en blanco. La parte más difícil ha terminado y, paso a paso, con las estrategias de este capítulo, estarás bien encaminado/a hacia el auto empoderamiento.

Crecerás tanto en fuerza como en confianza y, lo que es más importante, serás consciente de los sociópatas y no volverás a cometer los mismos errores. ¡Esto es refrescante en sí mismo!

Hay un área de la sociopatía que no he discutido y es el comportamiento narcisista. Esto es intencional ya que quería centrarme más en el comportamiento narcisista en el próximo capítulo.

5

Entendiendo al narcisista

Uno de los rasgos más puntuales de un sociópata es el narcisismo. También puede ser una de las cosas más impactantes y dolorosas con las que tenemos que lidiar cuando se trata de personas tóxicas.

Con los trastornos de personalidad antisocial, el camino emocional tiene muchos altibajos. Cuando vives con un narcisista, tienes que lidiar con el sentimiento constante de que nunca serás tan bueno/a o igual a esa persona.

Una cosa es que necesitemos trabajar nuestra autoestima, y otra es tratar de entender por qué esa persona te está haciendo sentir peor. La mejor solución es reconocer las características de un narcisista y alejarte de ellos antes de que se forme cualquier tipo de relación significativa o daño importante. Si tienes un narcisista en tu vida, debes aprender a manejar las situaciones antes de que surjan y te causen más sufrimiento.

¿Qué es un narcisista?

Hablando con un amigo recientemente, noté que la palabra narcisista a menudo se malinterpreta en gran medida. Hablaba sobre el dolor de su ruptura y la distancia de sus hijos que ahora enfrentaba. Su ex lo había llamado narcisista. Me sorprendió porque todo lo que podía ver era a un hombre destrozado tratando de hacer lo mejor para sus hijos e incluso para su ex, todo lo contrario de un narcisista.

Hoy en día, abusamos completamente del término narcisista, es el insulto habitual que usa la gente, quizás porque los hace sentir más poderosos. A lo largo de los años 90, comenzamos a ver más énfasis en hacerte feliz, ponerte primero y seguir tus objetivos. Y esto realmente es algo bueno. Pero la desventaja es que cualquiera que muestre más ambición que la norma social o aquellos que tenían autoestima fueron etiquetados como narcisistas.

Si bien podría ser un recordatorio saludable para mantener las cosas en perspectiva y no pisotear a los demás para llegar a donde quieres estar, en el caso de mi amigo, fue algo hiriente de decir. Esto crea un problema mucho más profundo cuando lanzamos una palabra sin entender su verdadero significado, y esto lleva al hecho de que la palabra narcisista ahora tiene poco significado.

El origen de la palabra narcisismo proviene de la mitología griega: Narciso se enamoró de su propio reflejo en un estanque de agua.

Significa perseguir la satisfacción de tu propia admiración egoísta. La definición actual no ha cambiado, pero se ha ampliado.

El trastorno de personalidad narcisista (NPD, por sus siglas en inglés) es una condición en la que uno se ve a sí mismo como alguien que tiene más importancia que los demás: espera un trato especial y que los demás lo vean mejor. También hay falta de empatía, anhelo de perfección y querer lo mejor de todo.

Puede parecer que un narcisista tiene toda la confianza del mundo, pero a menudo esto es solo una fachada. Con una autoestima frágil, cualquier tipo de crítica se sumará a las dificultades que tienes al tratar con ellas.

A pesar de las apariencias, los narcisistas se sienten increíblemente molestos cuando no reciben la atención que sienten que merecen. Debido a la falta de empatía, no pueden ver cómo ciertas cosas te afectan y, por lo tanto, no pueden comprender por qué no reciben su atención. Es más, si ven que otros reciben elogios o atención, pueden volverse envidiosos, lo que lleva a la ira e incluso a la depresión.

Aunque es posible que no veas este lado de ellos, los narcisistas pueden sentir mucha inseguridad y vergüenza. Esto, sumado a problemas de ira, impaciencia y frustración, va a dificultar mucho las relaciones en el hogar y el trabajo. Al igual que los sociópatas, los narcisistas no pueden ver que están equivocados. Esto hace que el tratamiento sea muy difícil, ya que no buscarán ayuda de forma activa.

El trastorno de personalidad narcisista requiere tratamiento de un psicoterapeuta. La causa exacta del NPD, como muchos trastornos de personalidad, todavía no está definida y, nuevamente, puede llevarnos al debate naturaleza versus crianza. Dicho esto, es más probable que sea una combinación de los dos factores.

Si miramos primero a la naturaleza, ha habido estudios que sugieren que la genética juega un papel en la NPD. La heredabilidad es una métrica utilizada para medir la probabilidad de influencia genética en una persona en lugar de influencias ambientales. Existe una posibilidad de moderada a alta de que el NPD sea hereditario.

Cuando se trata de la estructura del cerebro, un hipocampo y una amígdala más pequeños se han relacionado con el comportamiento antisocial observado en los narcisistas. Esto se debe a las disfunciones en la forma en que las personas interpretan la información que reciben de sus sentidos.

A diferencia de lo que hemos visto antes, el NPD no se ha relacionado con el trauma cerebral. En cambio, es más probable que el trauma sea el resultado de un trauma ambiental infantil.

Los estilos de crianza a menudo se atribuyen a NPD, y esto no se limita a los padres sino a todos los cuidadores principales.

Un NPD puede ser causado por cualquier estilo de crianza extremo. Un padre puede retirar completamente la atención provocando desapego emocional, y ser indulgente en exceso o ser demasiado permisivo o incluso demasiado estricto también puede afectar el comportamiento de los niños en su edad adulta.

Otras contribuciones ambientales podrían ser el abuso (verbal, físico y/o sexual) y expectativas poco realistas. Más recientemente, también se ha demostrado que las influencias culturales aumentan la probabilidad o la gravedad del narcisismo. Es más frecuente en las sociedades modernas en comparación con aquellas que son más tradicionales.

. . .

Ten cuidado de tratar de diagnosticar a personas menores de 18 años con NPD. Esto se debe a que es extremadamente difícil diagnosticar un trastorno de personalidad cuando la personalidad aún se está desarrollando.

Las personas con hijos o familiares adolescentes pueden asentir con la cabeza mientras leen algunos de los síntomas y comienzan a mirarse a sí mismas en busca de culpa. Muchos adolescentes pasarán por fases que pueden incluir rasgos narcisistas, pero esto es solo una parte de su desarrollo. Si estás preocupado/a por tu hijo/a, aún puedes buscar asesoramiento profesional.

El narcisismo tiene su propio espectro, lo que significa que puede haber diferentes tipos y diferentes grados. Ten en cuenta que no hay un número oficial de tipos. Algunos son populares entre los profesionales y otros han sido investigados.

Para obtener una descripción general del comportamiento narcisista, analizaremos los tipos más comunes de narcisistas.

Un narcisista saludable

Todo el mundo tiene un poco de narcisismo en ellos. Es bueno celebrar nuestras victorias y sentirnos orgullosos de las cosas que hacemos bien, también es saludable reconocer que mereces ciertas cosas como respeto y felicidad. Para un diagnóstico oficial de NPD, las personas deben mostrar un mínimo del 55 % de los rasgos más comunes.

El narcisista manifiesto

Esto es lo que muchos llamarían el narcisista clásico, la persona que está obsesionada consigo misma, carece de empatía y cree que es superior a quienes la rodean; son ruidosos y necesitan ser el centro de atención. Tienen poco o ningún respeto por los límites y tratarán de romper gradualmente cualquier límite que establezcas.

El narcisista encubierto

Un narcisista encubierto es lo opuesto a un narcisista manifiesto. Este tipo también se conoce como narcisismo vulnerable, debido a la extrema sensibilidad: viven de los elogios y se toman muy mal las críticas. Además de tener envidia de los demás, también afirmarán que sus problemas y tristezas son mucho mayores que los de los demás.

El narcisista maligno

Estas personas son desagradables y pueden ser agresivas o sádicas, disfrutan viendo sufrir a los demás y son maestras de la manipulación para presenciar este dolor. El narcisista maligno es muy difícil de tratar debido a su inteligencia, que se dirige a la manipulación.

El narcisista psicópata

Aunque no es tan común, los narcisistas psicópatas son agresivos y violentos y no muestran remordimiento por sus acciones. Por lo general, los asesinos en serie y los asesinatos en masa son narcisistas psicópatas.

El narcisista somático

El cuerpo físico es de suma importancia para un narcisista somático. Es posible que tengan que ser los más guapos o los más fuertes, por lo que se centran en su peso y apariencia. Si bien esto no suena tan mal, pondrán sus necesidades por encima de todas las demás para lograr su idea de perfección física.

El narcisista cerebral

Los narcisistas cerebrales son inteligentes, pero eso no es lo que los define. Sienten que es su inteligencia lo que los hace superiores a los demás y se esforzarán por hacer que los demás se sientan estúpidos. Independientemente de si tienen razón o no, nunca ganarás un debate con ellos y probablemente terminarás dudando de tu propio intelecto.

El narcisista maltratador

El nombre te da una idea clara de lo que es un narcisista maltratador. Tienen que ganar como sea. Se burlan socialmente de los demás, los menosprecian y, en general, hacen que las personas se sientan mal consigo mismas. Un maltratador "normal" hace esto para ascender en la escala social, mientras que un narcisista acosador tiene motivaciones personales.

El narcisista sexual

Los narcisistas sexuales también pueden mostrar rasgos de narcisismo somático y cerebral, pero esto se suma a la auto admiración de sus habilidades sexuales. Necesitan escuchar lo buenos que son en la cama y están obsesionados con su desempeño. La mayor parte de su manipulación está relacionada con el sexo y no es raro que sean infieles, una y otra vez.

El narcisista del bombardeo de amor

El bombardeo de amor solo se siente increíble al principio. El bombardeo de afecto, palabras amables y regalos inesperados en los primeros días de una relación puede incluso parecer normal. Sin embargo, el bombardeo de amor narcisista es una técnica de manipulación que se utiliza para enganchar a la persona en una relación comprometida antes de que se dé cuenta de que está siendo engañada.

El narcisista de la celebridad

También se conoce como narcisismo situacional adquirido (ASN, por sus siglas en inglés) y está relacionado con la adquisición de riqueza o fama. Debido a tanta atención, algunas personas pueden comenzar a creer que son más importantes de lo que son.

Identificar al narcisista en tu vida

Ahora que hemos definido claramente qué es un narcisista y los diferentes tipos, probablemente tengas una buena idea de si estás lidiando con uno o no. Aun así, agregaremos algunas otras señales que vale la pena tener en cuenta:

- Sus interacciones iniciales fueron increíbles, pero las cosas se estropearon rápidamente
- Dominan las conversaciones tanto en el tema como en la cantidad de habla
- Buscan cumplidos para alimentar su autoestima
- Nunca sientes que tus emociones son escuchadas o que se preocupan por ellas
- No tienen amistades a largo plazo
- Te están engañando, haciéndote dudar de todo
- Nunca recibes una disculpa ni ves ningún intento de compromiso
- Si tratas de separarte, entrarán en pánico y luego se enojarán
- Estás constantemente controlado/a por ellos
- No se responsabilizan de sus actos
- Todo es bueno o malo

- Proyectan su negatividad en ti: si no los apoyas, eres pesimista, mala persona, etc.
- Su falta de empatía les dificulta trabajar con otros o como parte de un equipo

Un consejo es no empezar a imaginar cosas que en realidad no existen, aunque es un hábito que muchos de nosotros tenemos.

Si tu pareja se olvida de pagar una factura, ha tenido un momento de irresponsabilidad, pero esto no es suficiente para incluirse en tu lista. Los signos tienen que ser algo que se ve regularmente.

Todos tenemos momentos en nuestras vidas en los que algunas de estas señales también se han hecho realidad para nosotros.

Es posible que encuentres que numerosos temas son relevantes, pero si algunos no lo son, y no hay necesidad de buscar problemas que no existen.

Vamos a suponer que hay ciertas personas narcisistas en tu vida de las que no puedes liberarte. También vamos a suponer que no reconocen que tienen un problema, por lo que la ayuda profesional no va a ser una opción. El primer paso crucial al tratar con estas personas es concentrarse en tus límites.

¿Por qué son tan importantes los límites cuando se trata de personas narcisistas? Las conversaciones sobre cómo te hacen sentir las cosas van a caer en oídos sordos y, lamentablemente, solo desperdiciarán tu energía. Los límites eliminan la necesidad de explicaciones emocionales, son tus reglas por las que todos deben vivir y si no, hay consecuencias.

Para crear tus límites, imagina dibujar un gran círculo a tu alrededor. Piensa en todas las situaciones con las que tienes dificultades. Toma una situación y decide qué tan cerca puedes llegar a la línea y aun así sentirte cómodo/a.

¿Qué es lo único que te lleva a la línea? Por ejemplo, tu padre o madre te critica en público. Es posible que estés de acuerdo con esto frente a buenos amigos y familiares, pero absolutamente no en grandes situaciones sociales o con tus compañeros de trabajo. También puedes sentir que no tolerarás ninguna forma de crítica frente a los demás.

Nadie puede crear tus límites por ti, es algo personal. Sabemos muy bien que un narcisista empujará tus límites, independientemente de lo bien que los expreses. Esto significa que es esencial para ti establecer consecuencias cuando se cruce un límite.

. . .

Usando el mismo ejemplo, podrías optar por alejarte de la situación tan pronto como te critiquen. Decidas lo que decidas, tienes que estar 100% seguro/a de que lo vas a cumplir.

Comunicar tu límite debe ser breve y simple: "Ya no toleraré que me critiques frente a los demás. La próxima vez que suceda, me iré". ¡Y punto final!

No sientas que tienes que justificar tu límite, lo mejor es cambiar de tema para que no tengan oportunidad de manipularte. Una vez que comiences a poner en práctica tus límites y consecuencias, notarás que ciertos ciclos se rompen y este es un excelente punto de partida. Comenzarás a notar que tu confianza mejora a medida que sabes que puedes hacer esto.

Aquí hay algunos otros consejos para tratar con un narcisista: trata de no dejarte llevar por sus juegos emocionales.

Ahora sabrás los juegos que están tratando de jugar y sentirás cuando estás siendo manipulado/a.

Desafortunadamente, tu reacción proporcionará más municiones y lo mejor que puedes hacer es dar un gran paso atrás.

. . .

La próxima vez que pienses que el narcisista en tu vida solo ha dicho algo para obtener una reacción de ti, simplemente di "está bien", de esta manera no tendrán nada a lo que darte la espalda.

Elige tus batallas sabiamente. Si la situación lo requiere, simplemente di "está bien", sin embargo, si sientes que su comportamiento cruza una línea o un límite, debes hablar por ti. Siempre es mejor hacerlo con calma, no debes dejar que vean tu dolor. Digan lo que digan, no te sientas culpable o avergonzado/a.

Sabes que puedes admitir cuando has cometido un error y disculparte. No permitas que las personas proyecten sus sentimientos sobre ti y te hagan dudar de tu persona. Solo eres responsable de tus propias emociones y tus acciones.

También recomiendo que bajes las expectativas. Incluso después de tanto dolor, es probable que haya una parte de ti que todavía tenga la esperanza de que algún día, el centavo caerá. Es hora de bajar estas expectativas como una forma de autoprotección.

Deja de esperar que se identifiquen con tu situación y deja de esperar esa conversación significativa. Evita sacar a relucir el pasado. Como has aprendido acerca de la aceptación, esto debería ser más fácil. Lo que pasó en el pasado debe quedarse ahí.

En el pasado, no te educaron sobre cómo tratar con un narcisista, por lo que no tiene mucho sentido mencionar lo que sucedió hace meses o años. Ahora que estás más informado/a, lo mejor es centrar tus esfuerzos en el presente.

Consigue la ayuda que necesitas, si sientes que estás pasando por cosas que no puedes afrontar, acércate a otros. Tu red de apoyo es crucial para avanzar de manera saludable y positiva. Es posible que tengas amigos o un familiar cercano con quien puedas hablar, o tal vez prefieras un terapeuta. No sientas que tienes que sufrir solo/a. Como hemos visto, los trastornos de personalidad son mucho más comunes de lo que pensamos y ahora hay ayuda disponible.

¿Qué sucede cuando has probado todo? Sin importar el género, para una persona atípica, terminar cualquier relación va a ser difícil. Aunque su amor por ti no era real, tu amor por ellos sí lo era. Incluso cuando tocas fondo, hay una pequeña parte de tu mente y de tu corazón que piensa que las cosas pueden ser diferentes.

El otro miedo que podemos tener es que no queremos arriesgarnos a tirar lo que sabemos, solo para que vuelva a pasar lo mismo.

No puedes reemplazar a tus padres, pero puedes encontrar relaciones satisfactorias que te llenen de amor y te permitan amar.

El primer paso para liberarse de los narcisistas es estar absolutamente seguro/a de que estás listo/a para dar el paso. Un error común es el patrón de "romper y reconciliarse", que también se observa en las relaciones no románticas. Crees que has tomado una decisión, luego retrocedes, luego te separas de nuevo; normalmente, esto solo prolonga el sufrimiento y con un narcisista, definitivamente lo hará, porque no cambiarán.

Estar absolutamente seguro/a de tu decisión evitará que vuelvas atrás.

A continuación, debes pensar en la logística. Si es alguien con quien vives, debes planificar los arreglos de vivienda y otros aspectos prácticos. ¿A qué eventos familiares tendrán que asistir juntos, si los hay? ¿Hay alguna forma de distanciarte por completo de esta persona? Siempre que sea posible, lo mejor es hacer una ruptura limpia. Si esto no es una opción, el contacto debe limitarse a lo inevitable.

Crea una nueva lista de metas y cosas que quieres lograr, algunas ideas incluyen el comenzar un nuevo pasatiempo, leer un libro en particular, ordenar tus pertenencias, probar nuevos eventos sociales, aprender una nueva habilidad, estudiar un curso en línea, hacer más ejercicio, viajar, hacerte un nuevo corte de cabello o renovar tu guardarropa, avanzar en tu carrera…

Estas actividades ayudarán a que te mantengas enfocado/a y actuarán como un recordatorio de por qué te separaste de la persona en primer lugar. Debes estar lleno/a de todas las cosas que has querido hacer, pero no has podido.

Prepara lo que quieres decir. Estar preparado/a te ayudará a sentirte seguro/a. No necesitas un discurso largo, hazles saber que sientes que la relación ya no es saludable y que vas a seguir adelante. No tienes que explicar tu decisión. Recuerda, cuanto más hables, más municiones les estás dando.

Permítete un tiempo para llorar el final de su relación. Es un proceso que necesita ser trabajado a través de la manera correcta, no esperes despertarte al día siguiente y sentir que la vida es mejor. Al mismo tiempo, es importante no atascarte en este período, por lo que debes tener tu lista a mano y comenzar a marcar algunas de tus nuevas metas.

Ahora que estás libre del narcisista, puedes comenzar a reconectarte con aquellas personas con las que no has podido pasar tiempo. Irónicamente, si han sido tus padres los que han sido narcisistas, es posible que ahora seas capaz de reavivar un viejo romance, re contactar con amigos de la escuela o la universidad que no hayas visto... Estas personas, así como tus relaciones actuales, actuarán como tu red de apoyo, particularmente mientras te fortaleces y recuperas.

Busca cualquier cosa que te ayude a tener un cierre y también busca las cosas positivas en tu vida.

Tomará un tiempo volver a entrenar tu cerebro, ya que has vivido en un pantano de negatividad durante tanto tiempo.

La verdad es que, si quieres y realmente miras, encontrarás que hay muchas cosas en tu vida que en realidad son bastante buenas. Si descubres que realmente no puedes ver lo bueno, es posible que necesites alguna terapia, solo para darte un pequeño impulso en la dirección correcta.

Sin culpa nuestra, es fácil caer en el mismo comportamiento al que estamos acostumbrados. Por esta razón, debes darte tiempo antes de lanzarte a nuevas relaciones, independientemente del tipo. Asegúrate de darte suficiente tiempo para descubrir quién eres realmente y qué quieres de la vida y de tus relaciones.

Mira hacia atrás a lo que sucedió, toma lo que puedas de las relaciones, utilízalo para aprender más sobre tu persona, para que sepas que no debe volver a suceder lo mismo en el futuro.

La mente se soltará lentamente, pero hay una muy buena razón por la que debemos tener fe en nuestras reacciones viscerales y en esos pelos que se erizan cuando sabemos que algo anda mal.

Llegará un momento en el que conocerás nuevos amigos, colegas y socios. Está mal levantar las defensas y asumir que te van a tratar de la misma manera, no estás siendo justo/a ni dándoles una oportunidad adecuada.

Comienza cada nueva relación como una pizarra en blanco, pero, si sientes que algo te suena y que ya has recorrido este camino antes, sal.

Hasta ahora, hemos analizado dos de los tipos de personas más tóxicos. Eso no quiere decir que no haya muchos otros tipos de personalidad y comportamientos que no deberíamos tener que tolerar en nuestras vidas. En el próximo capítulo hablaremos de otro tipo de personas tóxicas que logran poner nuestras vidas patas arriba.

6

No todas las personas tóxicas son narcisistas o sociópatas

Afortunadamente, no todos van a tener un narcisista o un sociópata en sus vidas, pero esto no quiere decir que no tengan que lidiar con un comportamiento tóxico. Hasta ahora, hemos analizado a las personas extremadamente tóxicas, desafortunadamente, hay tantas otras formas en que una persona puede ser tóxica, que podemos caer en la trampa de tratar de moldear nuestras vidas a su alrededor.

El hecho de que alguien no esté abusando físicamente de ti no significa que su comportamiento esté bien. Entonces, ¿qué significa ser tóxico? No se puede negar que todos podemos tener momentos en los que somos tóxicos, eso nos incluye a mí y a ti. Es necesario entender cómo es la toxicidad y dónde trazamos la línea entre tener un momento tóxico y ser una persona tóxica.

Qué constituye un comportamiento tóxico

. . .

En primer lugar, debemos resaltar que la persona en tu vida puede no ser tóxica y solo podría ser su comportamiento. Por otro lado, algunas personas tienen un impacto tan abrumadoramente negativo en ti que las llamarías personas tóxicas.

El comportamiento tóxico es cualquier tipo de comportamiento, palabra o acción que causa conflicto en la vida de otros y les molesta. Según esta definición, es fácil ver cómo todos pueden mostrar un comportamiento tóxico.

La semana pasada le causé a mi amiga una gran cantidad de estrés y reconozco que lastimé sus sentimientos. Este es un comportamiento tóxico. No fue intencional, me disculpé y seguimos adelante, sin embargo, yo era la causa de su dolor. La principal diferencia es que pude reconocer mis acciones y hacer las paces, que es lo que la mayoría de los adultos pueden hacer.

Aquellos que muestran un comportamiento tóxico más severo rara vez se disculparán. De ahora en adelante, nos referiremos a ellos como personas tóxicas en lugar de personas con comportamiento tóxico.

. . .

No quiero que empieces a sentirte culpable y preocupado/a porque has molestado a la gente, ¡no eres una persona tóxica!

Las personas tóxicas pueden ser manipuladoras y su comportamiento a menudo te confundirá debido a la falta de consistencia. En un momento estarán felices, al siguiente pueden estar pidiendo a gritos atención porque su vida es tan terrible.

No solo te sientes incómodo con estas personas, sino que tampoco te sientes bien contigo mismo cuando estás cerca de ellas. Las personas tóxicas viven para el drama y si no se puede encontrar drama, lo crearán. Solo una de las formas en que crean drama es sobrepasar los límites.

El abuso de sustancias puede ser un problema para las personas tóxicas. No significa que todas las personas que toman drogas o beben son tóxicas, pero cuando su comportamiento comienza a tener un impacto negativo en tu vida, también se convierte en tu problema.

A diferencia de los narcisistas y los sociópatas, la toxicidad no se clasifica como un trastorno mental o un trastorno de la personalidad. Eso no quiere decir que la persona tóxica no tenga problemas de salud mental subyacentes que causen su comportamiento.

. . .

¿Cuál es la diferencia entre un mal día y un comportamiento tóxico? Para entender la línea fina, veremos algunos ejemplos de historias de la vida real que la gente compartió conmigo y luego desglosaremos exactamente dónde el comportamiento del mal día se volvió tóxico.

Mariana, como muchos de nosotros, tuvo los altibajos habituales en su vida.

Tuvo algunos problemas de salud que lamentablemente provocaron una ruptura en su relación, y al mismo tiempo, también era luchadora y logró conseguir un aumento de sueldo y un ascenso en el trabajo.

Cada vez que Mariana se sentía deprimida, su mejor amiga estaba allí, iba con ella a las citas médicas, la ayudaba a recoger las cosas de su novio. Pero, cuando Mariana obtuvo su ascenso e invitó a su amiga a celebrar, su amiga no respondía sus llamadas ni respondía sus mensajes.

Cuando finalmente se puso en contacto con su amiga, las palabras fueron *"¿No es genial?"* con un cierto tono que no era feliz.

. . .

Dos segundos después, su amiga estaba cotilleando sobre otra persona. La próxima vez que Mariana invitó a su amiga a cenar porque quería hablar sobre un hombre nuevo que había conocido, su amiga dijo sarcásticamente *"¿Tan pronto?"* y rechazó la invitación.

Mariana no sentía que pudiera decir nada porque su amiga había sido muy buena durante los momentos en que la había necesitado. Cuando compartimos las buenas noticias con un amigo y no se apresuran a compartir nuestra alegría, es posible que estén pasando por sus propios problemas y que estén realmente distraídos.

Sin embargo, la amiga de Mariana se pasó de la raya restando importancia a todas las ocasiones felices que tuvo Mariana. Aunque no ignoró por completo las razones de Mariana para celebrar, respondió de una manera tóxica. El sarcasmo es como la sal, la cantidad justa hace un plato demasiado y se echa a perder.

Este comportamiento se volvió tóxico tan pronto como la amiga de Mariana solo podía sacar provecho de la relación en tiempos de crisis. Una amistad saludable es aquella en la que están ahí el uno para el otro, lo bueno y lo malo.

Julián y Carmen trabajaban a tiempo completo. El trabajo de Julián era físico y el de Carmen era mental, pero ambos eran agotadores. Como la mayoría de las parejas, también tenían las responsabilidades de la casa y de su hijo pequeño.

Carmen trabajaba en casa, y cuando Julián regresaba todos los días a las 3:30, se sentaba, dormía una pequeña siesta y luego se iba a hacer sus pasatiempos. Después de que el pequeño se enfermó un día, Carmen perdió la paciencia y provocó una discusión porque cuidar a un niño enfermo significaba que estaba atrasada en su trabajo.

Después de que se hubo calmado, pidió perdón y explicó que necesitaba que él hiciera su parte y asumiera más responsabilidad por lo que era igualmente de ellos. Julián no aceptó esta disculpa, en cambio, exageró todo al usar frases como "*siempre estás regañando*" y "*nunca me dejas hacer mis pasatiempos*".

Regularmente juzgaba a Carmen por cómo pasaba el día y le sugería que, si administraba mejor su tiempo, no estaría tan celosa de que él tuviera una vida. Independientemente de cómo Carmen explicara el problema, Julián siempre tenía una respuesta que la hacía cuestionar si tenía razón o no.

Es fácil ver que esta es una relación tóxica, desde el exterior. Es más difícil cuando estás realmente en uno. Carmen tuvo un mal día, se enojó y gritó. No era la mejor manera de comportarse, pero de vez en cuando, todos lo hacemos. Julián, por otro lado, se puso a sí mismo y sus necesidades antes que las de su familia.

No se responsabiliza y la relación se desequilibra; en lugar de apoyarla, la está juzgando. Carmen no le debe nada a Julián.

Ella no tiene que cuidarlo además de lo que ya tiene que hacer. Las necesidades de ambos deben ser satisfechas.

La hermana de Jaime es una fanática del control total. Todo en su vida está estructurado y ordenado como a ella le gusta: hay listas por listas, las rutinas no se pueden romper y las reglas hay que obedecerlas. Cuando llega al apartamento de Jaime, mueve una silla en un ligero ángulo porque se ve mejor, lleva un ambientador porque huele mejor y reorganiza los libros por orden de altura.

Y tiene razón en todo.

Si intentas discrepar o mostrarle un punto de vista diferente, te tratará como si fueras un niño sin experiencia en la materia; ella hace los planes para eventos familiares y nadie puede decir que no o incluso hacer una sugerencia. Jaime a menudo se encuentra en una posición en la que tiene que elegir el menor de los dos males solo para asegurarse de que su hermana mantenga la calma y sus padres no se vean arrastrados a las discusiones.

Lo que la hermana de Jaime haga en su propia casa depende de ella. Para ser justos, todos tenemos nuestras pequeñas peculiaridades que no podemos cambiar o no queremos. Lo confieso, ¡a mí también me gustan mis libros en orden de altura! Su comportamiento se vuelve tóxico cuando intenta controlar la vida de Jaime.

Él podría estar feliz de aceptar que ella llegue a su casa y la trate de la misma manera que a su propia casa, este podría ser el límite de su límite. Pero ella cruza la línea cuando a Jaime no se le permite tener pensamientos, sentimientos y opiniones propias. Este es un derecho humano que todos deberíamos tener.

Ana tiene un colega con el que generalmente es fácil trabajar.

Colaboran bien juntos y aunque son amistosos, todavía hay un grado de profesionalismo. Al colega de Ana, Germán, le gusta ser el centro de atención y, a menudo, tiene una historia para entretener a la oficina.

. . .

Un día, Ana notó que Germán dijo que vivió en Sídney durante un año, pero la última vez que ella escuchó la historia fue en Melbourne. Cuando Ana lo interrogó, él dijo: "*Sí, eso fue antes*", y ella no pensó más en eso. Con el tiempo, notó que se estaba desarrollando un patrón y que se decían más y más mentiras.

Al principio, eran mentiras piadosas e inofensivas y el único daño real que esto estaba causando era la incapacidad de confiar en él. Pero luego, las mentiras comenzaron a colarse en cosas relacionadas con el trabajo. Mentía sobre un informe que estaba terminado o le decía al jefe que le había pedido a Ana que hiciera algo cuando él no lo había hecho.

Cuando le mintió a un cliente y, posteriormente, la empresa perdió al cliente, todo el equipo sufrió. La confianza es una parte crucial de cualquier relación, sin ella, no tenemos cimientos sobre los cuales construir.

Si un colega dice mentiras sobre su vida personal, es posible que la relación profesional no sufra, pero, tan pronto como Germán comenzó a decir mentiras a sus colegas y sobre ellos, su comportamiento pasó de tolerable a tóxico. Esto se debe a que sus acciones crearon negatividad no solo para Ana sino también para los demás que debían trabajar con él.

. . .

Además de que Ana no podía confiar en él, sus mentiras plantaron semillas de duda sobre en quién se puede confiar en la oficina.

El punto principal aquí es que cuando miras estas situaciones y asientes con la cabeza, es bastante obvio que el comportamiento es tóxico y posiblemente incluso las personas.

Entonces, ¿por qué es tan difícil detectar el comportamiento tóxico en nuestras propias vidas? En pocas palabras, es porque el amor es ciego, incluso al comportamiento tóxico. ¿Qué puedes hacer cuando el amor está causando ceguera a la toxicidad? Para los más cercanos a nosotros (nuestra pareja a largo plazo, mejores amigos, padres y hermanos), no siempre es tan fácil.

En muchos casos, hemos tenido a estas personas en nuestras vidas durante tanto tiempo que aceptamos que así son. En otros casos, nuestro amor es tan ciego que ni siquiera lo vemos.

Uno de los mayores problemas del comportamiento tóxico en las personas más cercanas a nosotros es que puede aparecer de manera muy gradual y sutil.

. . .

Toma a tu familia, por ejemplo. Creces con tus padres que pueden ser tóxicos, pero no es hasta que eres adulto que te das cuenta de cuánto te afectaron sus acciones. Se pueden haber presentado todas las situaciones de las que hablamos anteriormente, o podría haber otras señales.

Tu hermano, por ejemplo, probablemente solía ser tu mejor amigo, pero a medida que ambos comienzan a moldear sus propias vidas, es posible que hayan quedado atrapados en un círculo de personas tóxicas, y eso se contagia. Poco a poco empiezas a notar cambios en ellos, y eso tiene un mayor impacto en tu relación.

Cómo detectar comportamientos tóxicos (tanto explícitos como sutiles) en tu familia:

- Estás constantemente andando con pies de plomo a su alrededor
- Hay muchas discusiones y las hacen personales
- No aceptan tus preferencias sexuales
- No aceptan tu elección de pareja
- No respetan tus opiniones o creencias
- Te dicen cómo criar a tus hijos
- Sientes que haces las cosas solo para su aprobación
- Tu familia te decepciona con frecuencia
- Son violentos contigo
- Son controladores, esperando que hagas lo que hace el resto de la familia

Lo peligroso del comportamiento tóxico sutil es que es contagioso. Las personas tóxicas suelen decir mentiras, pero luego te encuentras tú mintiendo para evitar la confrontación; o descubres que has adoptado costumbres que te han dañado a ti.

Incluso con un comportamiento tóxico sutil, solo puedes asumir la responsabilidad de tus propias acciones y emociones, y por duro que suene, tienes que aprender a dejar de ponerte en situaciones en las que las personas más cercanas a ti puedan seguir causándote dolor.

Pasos simples para evitar que tus seres queridos ejerzan su comportamiento tóxico sobre ti

Después de quitarte las anteojeras y ver las cosas como realmente son, ahora estás listo/a para comenzar a tomar algunos pasos pequeños para ver los cambios necesarios. Nos gusta empezar con los pasos más pequeños porque así ganas confianza y saber que puedes hacerlo hace que sea más fácil afrontar situaciones más difíciles.

Olvida lo que se hizo en el pasado

No es tan simple como "perdonar y olvidar" porque el dolor que la gente causa se queda con nosotros. Si tu hermana te traiciona, no puedes dejarlo en el pasado y volver a confiar.

. . .

Cuando hablamos de poner cosas en el pasado, se trata de no traer acciones pasadas a conversaciones presentes; no será productivo y es más probable que haga que la conversación escale. Es importante observar lo que está sucediendo en el presente y los cambios que deseas ver.

Llegar al fondo de sus problemas

Es posible que ni siquiera sean conscientes de su comportamiento tóxico o de la medida en que están dañando la relación. Su comportamiento se derivará de alguna causa raíz, asegúrate de que sepan que no estás excusando la forma en que te tratan, pero que ser comprensivo/a y ayudarles a resolver sus problemas puede reducir la toxicidad y también fortalecer la relación.

Por supuesto, si no están dispuestos a aceptar sus problemas, tendrán dificultades para ver los cambios que necesitan.

Concéntrate en la rendición de cuentas en lugar de culpar

A las personas les resulta difícil admitir que cometieron un error o que hicieron algo mal. A veces confundimos ser responsables con admitir nuestras fallas y debilidades; es más fácil resaltar las fallas de los demás y culparlos.

. . .

Aunque estés trabajando para prevenir el comportamiento tóxico de la otra persona, es una buena práctica asumir tu parte justa de culpa por esos días malos que se convierten en actos tóxicos. Es un poco como si les mostraras que está bien ser responsable y cómo pedir perdón cuando sea necesario. Sin embargo, nunca te disculpes por cosas que no son culpa tuya y no permitas que te manipulen para pedir perdón.

Di no a las conductas tóxicas

Sé que no quieres cambiar el rumbo e incluso puedes temer la respuesta que obtengas, pero ahora es el mejor momento para poner fin a que te traten como un felpudo. No mereces que te traten con nada menos que amor y respeto.

Cuando las personas te traten de una manera que te haga sufrir, confróntalos por este comportamiento y diles que no está bien. Elige el mejor momento para hacerlo, debes asegurarte de estar emocionalmente tranquilo/a y si te preocupa que la otra persona enloquezca, hazlo en un lugar público o con personas a tu alrededor en las que puedas confiar.

Establece límites

Los límites son esenciales cuando se trata de personas tóxicas. Es otra forma de hacerle saber a la gente que hay ciertas cosas que no tolerarás, pase lo que pase. Cuando hayas decidido cuáles son tus límites, debes asegurarte de comunicarlos claramente y, debido a que a las personas tóxicas les encanta cruzar los límites, tendrás que seguir repitiéndolo y demostrando que hablas en serio al cumplir con las consecuencias de romper los límites. Tan pronto como no refuerces un límite, la persona tóxica encontrará la manera de volver a sus viejos hábitos.

Cuídate

Si sientes que te has estado poniendo en segundo lugar, ahora también es el momento de cambiar eso. Otros seguirán ignorando tus necesidades y colocarán las suyas por delante de las tuyas hasta que les recuerdes que tu bienestar es igualmente importante.

Cuídate tomando tiempo para hacer las cosas que quieres hacer, ya sea hacer ejercicio, ir al cine o ir a un restaurante en particular. No esperes a que tu ser querido esté de acuerdo en ir contigo o te dé permisos. Empodera el hacer estas cosas solo/a, ¡no es lo mismo que *estar* solo/a!

Tómate un tiempo para ver los cambios

Siempre que ambas partes trabajen activamente para mejorar, se producirán los cambios adecuados, pero no de la noche a la mañana. Estás trabajando para cambiar un comportamiento que está bien establecido, posiblemente a lo largo de los años.

Es como aprender a conducir por el lado derecho de la carretera y luego, de repente, tienes que conducir por el izquierdo. Cada día es más fácil, pero puede haber algunos pequeños contratiempos en el camino. Recuerda que tienes que ver los cambios y no solo escuchar que sucederán.

Decide el nivel de contacto con el que estás satisfecho/a

En términos generales, puedes elegir uno de los tres niveles de contacto. Puedes alejarte de situaciones en las que la persona muestre un comportamiento tóxico; por ejemplo, si tu primo se vuelve tóxico después de beber demasiado, puedes negarte a salir con él.

Puedes decidir que el contacto mínimo es mejor. Por lo tanto, solo verías a miembros de la familia en ocasiones grupales, bodas y funerales, etc. O puedes escoger ningún contacto.

Obviamente, esto será lo más difícil debido a lo estrecha que es la relación.

A veces, si el contacto mínimo todavía molesta demasiado, es posible que desees establecer un período de tiempo sin contacto. Esto podría ser un mes, unos meses o incluso un año.

Durante este tiempo, puedes analizar si tu vida es mejor o peor sin ellos. Luego, depende de ti decidir si deseas volver a conectarte y si la persona ha realizado cambios significativos durante el período sin contacto.

Para poner en práctica estas estrategias, tomemos los mismos ejemplos que vimos con Mariana, Carmen, Julián y Ana y veamos cómo podrían haber resultado las cosas si hubieran sabido cómo manejar el comportamiento tóxico.

Mariana y la amiga que busca drama – las personas que buscan drama a menudo lo hacen porque buscan una distracción de su propia realidad. Nuestros propios problemas a menudo son tan difíciles de resolver que podemos sentirnos impotentes, pero cuando vemos a otras personas en crisis, es más fácil ver la solución.

A menudo, los buscadores de drama lo hacen porque no pueden encontrar soluciones a sus propios problemas. Estar allí durante el drama de otras personas los mantiene ocupados y sienten que están involucrados en una solución. Aquí, el ser amado solo está ahí cuando estás pasando por problemas.

Necesitas tomarte un tiempo para dejar tus problemas a un lado (temporalmente) para que puedas tratar de ayudar a esta persona a resolver lo que le está molestando. Teniendo en cuenta la prevalencia de la toxicidad, es posible que estén tratando de lidiar con sus propias personas tóxicas.

. . .

La mejor opción de Mariana habría sido centrar la atención en su amiga y permitir que la amiga se sincerara sobre lo que le molesta. Incluso las palabras tóxicas que salieron como sarcasmo podrían haber sido por los problemas personales de su amiga.

Esto es lo que se conoce como extender una rama de olivo. Le está brindando una oportunidad al ser querido para que explique su comportamiento, lo que podría ser la oportunidad para que se dé cuenta de que está equivocado. Si no se abren sobre lo que les molesta o te dicen que no pasa nada, debes hacerles saber que sus acciones y palabras te han lastimado y que en el futuro esperas disfrutar tanto de los puntos altos como los bajos.

Carmen y su pareja necesitada – aunque enfadarse no era la mejor solución, no es la raíz del problema. Carmen y Julián tienen problemas de comunicación y se han vuelto tan malos que Julián se ha vuelto tóxico y Carmen está adoptando lentamente un comportamiento tóxico.

Para romper el ciclo, Julián y Carmen necesitan tener una conversación abierta. Es mejor hacer esto cuando ninguno de los dos esté cansado y haya alguien para cuidar a su niño pequeño para que nada escale.

. . .

La conversación debe centrarse en oraciones con "yo" en lugar de "tú". Las oraciones que comienzan con "yo" mantienen la atención en tus sentimientos, las oraciones que comienzan con "tú" pueden sonar como culpa. Mira la diferencia entre "me siento herido cuando no haces tu parte" en comparación con "tú me lastimas cuando no haces tu parte".

La conversación también debe incluir un plan para que el hogar funcione de manera más equitativa.

Carmen necesita dedicarse un tiempo a sí misma para que Julián no la acuse de estar celosa. Julián debe hacerse cargo de sus roles familiares. Finalmente, Carmen tendrá que tener paciencia y deberán celebrar juntos sus victorias.

Jaime y la hermana controladora – una de las causas más comunes del comportamiento controlador es el trastorno de ansiedad. Conocemos la sensación de un mundo loco en el que nada parece estar bajo nuestro control: es estresante, pero para algunos se vuelve demasiado y encuentran la paz controlando todo lo que pueden.

Jaime puede tratar de ser más comprensivo con sus sentimientos y tal vez animarla a buscar ayuda profesional para sus problemas. Si su hermana se niega, tendrá que establecer límites firmes y hacerle saber a su hermana lo que sucederá si cruza la línea. También deberá decidir un nivel apropiado de contacto para protegerse si su hermana no puede cambiar.

Ana y el colega mentiroso – hay muchas razones por las que la gente miente: puede ser para evitar la vergüenza, para proteger a otra persona de lastimarse o para sentirse mejor consigo mismos. Como mencionamos antes, hay una línea muy fina entre la extraña mentira piadosa sobre tus experiencias y una mentira en toda regla.

En el momento en que el colega de Ana cruzó esa línea, Ana debería haberlo confrontado en privado para que supiera que el espacio de trabajo no tolera las mentiras.

Otra cosa muy importante, particularmente en un lugar de trabajo, es documentar todo: cada mensaje, correo electrónico y mentira debe guardarse en un archivo.

Puede sonar dramático, pero si existe algún riesgo para tu posición o carrera, Recursos Humanos debe tener una copia del archivo. Es una buena idea animar a otros compañeros a hacer lo mismo para que una manzana podrida no eche a perder toda la cesta.

. . .

El rango de niveles de toxicidad es enorme. El comportamiento tóxico puede ser pequeñas cosas que realmente te afectan, o pueden ser cosas importantes que ahora están comenzando a apoderarse de tu vida. La situación de nadie va a ser exactamente igual y cada uno de nosotros tenemos nuestra propia personalidad.

Por esta razón, no existe una solución única para el comportamiento tóxico. Este capítulo ha brindado algunas de las soluciones más efectivas para ayudar a superar tales problemas con las personas más cercanas a ti.

Una vez más, deliberadamente no he discutido la manipulación. Todo comportamiento tóxico proviene de la manipulación. Dedicaremos el próximo capítulo a la prevalencia de la manipulación en el mundo de hoy y nos sumergiremos profundamente en la psicología oscura que se esconde detrás de ella.

7

El punto máximo es la manipulación

Hace años me sentía tan idiota que una y otra vez me sentaba y pensaba "hombre, me han vuelto a jugar". Era completamente incapaz de ver cuando estaba siendo manipulado y definitivamente no podía anticiparlo.

El comportamiento tóxico y la manipulación son los mejores amigos que caminan juntos por la calle. Rebotan entre sí, se alimentan entre sí y se te acercan sigilosamente sin que te des cuenta. Es perfectamente normal que no nos demos cuenta cuando estamos siendo manipulados, principalmente porque nadie quiere pensar que nuestros amigos y familiares son capaces de tales técnicas.

La manipulación es el acto de controlar a alguien o algo para su propio beneficio, a menudo de manera injusta o deshonesta; cuando hablamos de controlar a las personas, podrían ser sus emociones, percepciones, comportamiento y/o relaciones.

¿Recuerdas que mencionamos que tenemos la costumbre de decir que estamos bien o excelente cuando la gente pregunta cómo estamos? En realidad, esto también es una forma de manipulación porque estamos controlando cómo nos ven las personas. En lugar de vernos tristes, enojados o deprimidos, nos ven bien.

La mayoría de nosotros hacemos esto, así que no hay necesidad de empezar a preocuparte de que eres un manipulador crónico, esta es una reacción normal que no está diseñada para tratar de obtener ganancias personales, sino para evitar que otros se preocupen.

Algunos ejemplos de manipulación incluyen mentir u ocultar información, amenazar o insinuar amenazas, aislar a las personas de sus seres queridos, la agresión pasiva, el abuso verbal, el acoso intelectual, el *gaslighting*, usar el sexo para obtener lo que quieres, crear un desequilibrio de poder, el trato silencioso y hacerse la víctima.

Las razones detrás del comportamiento manipulador de las personas pueden ser inconscientes, pero también pueden llegar al otro extremo y ser completamente maliciosas e intencionales. Las víctimas pueden quedar exhaustas tanto física como mentalmente mientras intentan complacer a estas personas.

Pueden comenzar a sufrir de ansiedad o depresión; no solo pueden comenzar a mentir sobre sus propias emociones, sino que también pueden comenzar a tener dificultades para desarrollar relaciones de confianza.

El manipulador también puede tener sus propios problemas de salud mental que están causando este comportamiento tóxico. Los narcisistas y los sociópatas utilizan con frecuencia la manipulación y son plenamente conscientes de su comportamiento.

Las personas que han sido diagnosticadas con personalidad límite pueden manipular a otros para satisfacer sus necesidades, pero no tiene que haber un diagnóstico de salud mental para participar en tácticas de manipulación. También puede ser porque una persona está asustada o ansiosa y tiene la necesidad de controlar todo su entorno.

Hay muchos ejemplos en el mundo en los que la manipulación se considera perfectamente normal, tanto que ni siquiera consideramos que estamos siendo manipulados. El marketing y la publicidad utilizan técnicas de manipulación para convencernos de elegir productos o servicios particulares. Esto puede parecer un ejemplo trivial, pero imagina el producto de limpieza o la pasta de dientes que siempre usas: es por una buena razón.

. . .

Un anuncio llama tu atención y decides probar el nuevo producto. El producto de limpieza podría ser inútil o la pasta de dientes asquerosa, pero la empresa logró cambiar tu comportamiento de compra para su propio beneficio. Ahora, si observas este ejemplo en un contexto que no es de marketing, la teoría es la misma.

Tomas una decisión basada en tu conocimiento y tu instinto, a pesar de saber que es la elección correcta, alguien puede usar la psicología para cambiar de opinión. Como lo que quieren va en contra de tus instintos originales, a menudo no es lo que más te conviene y, por lo tanto, te perjudica. La manipulación en las relaciones puede volverse tan tóxica que el resultado es una ruptura en esa relación.

Tanto hombres como mujeres son igualmente capaces de manipular a sus amigos, colegas y seres queridos, y seguramente has llegado a sentirte manipulado/a por tus padres, abuelos o incluso hermanos. Aunque las formas en que las personas manipulan pueden variar mucho, hay una cierta cantidad de técnicas y rasgos que los manipuladores tienen en común. Comprender estas similitudes ayudará a reconocer los signos antes y estar mejor preparado:

No pueden simplemente pedir lo que necesitan
    Si yo necesitara la ayuda de un amigo por cualquier

motivo, se lo pediría directamente y he trabajado mi inteligencia emocional para poder respetar la respuesta dada. Los manipuladores nunca pedirán simplemente lo que necesitan porque están regalando su control; en cambio, usarán la psicología para controlar a los demás.

Son expertos en *gaslighting*

Gaslighting es una de las formas de manipulación más dolorosas porque comienzas a cuestionar tu propia realidad y cordura. Si le pides a tu hijo que haga las compras y no lo hace, podría darte la vuelta y decir que nunca se lo pediste.

Los manipuladores usarán frases que pueden ser sutiles como *"¿estás seguro/a de que te sientes bien?"* hasta *"estás loco/a"*, los cuales te harán cuestionar lo que realmente sucedió.

Proyectan sus emociones

La proyección es cuando desplazas tus propios sentimientos hacia otra persona. En la mayoría de los casos, es un mecanismo de defensa, pero los manipuladores lo usan para entregar la responsabilidad de sus propias emociones negativas. Los ejemplos podrían ser un manipulador enojado que acusa a su víctima de estar siempre enojada, o una pareja infiel que comienza a sospechar que su pareja también la está engañando.

Hacen generalizaciones

Las generalizaciones pueden doler porque el manipulador no se toma el tiempo o el esfuerzo para entender lo que realmente estás diciendo. Imagínate si papá ha tenido un día problemático en el trabajo y le explica los detalles a mamá; cuando los niños preguntan qué le pasa a papá, mamá dice: *"está de mal humor otra vez"*. Esta es una declaración muy general que hace que papá se vea mal frente a los niños cuando en realidad tiene mucho en su plato.

Tienen un sentido del humor inapropiado y desagradable

Realmente, es un poco como intimidación, pero si sientes que siempre estás al final de una broma y estas bromas hieren tus sentimientos, estás tratando con un manipulador.

Frente a los demás, solo están siendo divertidos, con un poco de humor inocente; sin embargo, son plenamente conscientes de que su broma te causa dolor e incluso podrían poner sal en la herida al decirte que eres demasiado sensible.

Dividen y conquistan

Los manipuladores no tienen problemas para ser más amigables con una persona y luego hablar mal de ella con los demás. Esta es una técnica utilizada para controlar cómo te ven los demás, es particularmente peligroso en grupos de amigos o con colegas. También te dirán lo que otros dicen sobre ti, a menudo mintiendo o exagerando.

. . .

No se quedan en un tema

Tan pronto como parezca que un manipulador tendrá que ser dueño de sus emociones o acciones, cambiará de tema. Esto a veces es más difícil de detectar porque parece muy inocente, pero lo hacen para evitar la responsabilidad.

Siempre estarán insatisfechos contigo

No importa si haces todo lo que requieren o alcanzas las metas necesarias, luego moverán los postes de la portería y esperarán más. Descubrirás que estás constantemente tratando de probarte a ti mismo/a ante ellos y nunca cumples con las expectativas.

Después de leer estas descripciones, es posible que te des cuenta repentinamente de que estás siendo manipulado/a y, por experiencia personal, te sientas enojado/a contigo mismo/a.

No eres estúpido/a, ni hiciste nada malo para que te traten así; estas personas han estado practicando estas técnicas durante años, es una segunda naturaleza para ellos. Lo que importa ahora es que pongas atención a su comportamiento.

La psicología oscura de la manipulación

La psicología oscura se centra en la ciencia de la manipulación y el control y es lo que utilizan los psicólogos e incluso los criminólogos para comprender los problemas que surgen de la manipulación.

La Tríada Oscura es un conjunto de tres perfiles de personalidad negativos que son dañinos y tóxicos: narcisismo, psicopatía y maquiavelismo. Más específicamente, la Tríada Oscura es:

1. Narcisismo: el ego, falta de empatía, un sentido superior de sí mismo
2. Psicopatía: alguien encantador y amable, pero egoísta y sin remordimientos
3. Maquiavelismo: usar la manipulación para explotar a otros sin sentido de la moral

Una "Tríada Oscura" suena tan severa que supondrías que es un tipo de manipulación menos común, pero es todo lo contrario; aquí hay algunas formas en que las personas usan los rasgos de la Tríada Oscura en situaciones cotidianas:

- Demasiado amor o adulación: dar regalos, cumplidos y afecto antes de pedirle algo a alguien.
- Decir mentiras: decir verdades parciales, exageraciones o simplemente mentiras descaradas.
- Negar el amor y el afecto: esto puede ser cualquier cosa, desde la falta de interés en la

persona hasta negar el contacto físico, los abrazos, los besos y el sexo.
- Restringir opciones: ofrecer dos o más opciones, pero ninguna de ellas es la elección que la persona realmente quiere hacer.
- Psicología inversa: decirle a alguien que no haga algo para animarlo a querer hacerlo, o viceversa.
- Uso de la semántica: muchas palabras tienen más de un significado según el contexto; una persona puede usar una definición y, si bien la comprensión es clara, el manipulador usará deliberadamente el otro significado.

La psicología oscura y la Tríada Oscura son bastante comunes. Algunas personas no hacen ningún esfuerzo por evitar ese comportamiento, sino que lo enseñan, por ejemplo, en algunas empresas de ventas y marketing. Este es el punto al que algunos llegarán para asegurarse de que sus objetivos y necesidades se cumplan por encima de cualquier otra cosa.

"¿Estoy siendo manipulado?" "¿Puedo evitarlo?" Tal vez tengas tus sospechas, pero todavía no puedes decir definitivamente sí o no. Estar seguro/a de ti mismo/a es el primer paso para comprender los principios de la manipulación para que puedas identificarla cuando ocurra antes de que sea demasiado tarde.

. . .

Hazte las preguntas a continuación, trata de ser bastante estricto/a contigo mismo/a y solo responde con un sí o un no. Si respondemos en una escala o incluimos "quizás" abrimos la puerta a excusas por tu comportamiento.

1. ¿La situación es tu responsabilidad?
2. ¿Te sentirás bien al tomar acción?
3. ¿Lo estás haciendo para evitar reacciones emocionales?
4. ¿Tienes miedo de decir que no?
5. ¿Hay algún compromiso?
6. ¿La otra persona haría lo mismo por ti si la situación fuera al revés?
7. ¿Tu instinto te dice que esto es correcto?

No debes sentir la obligación de hacer nada que no quieras y todos tenemos derecho a decir que no. Si sientes que algo no es lo mejor para ti, entonces debes frenar de inmediato. Los límites y decir "no" son las mejores formas de evitar la manipulación, pero estas no son habilidades que son naturales para todos.

Por esta razón, profundizaremos en la mejora de estas habilidades esenciales un poco más adelante. Una forma muy sencilla de evitar ser manipulado/a es compartir tus intenciones, cuanta más gente sepa cómo te sientes, qué estás haciendo y cuáles son tus objetivos, más difícil será para los manipuladores controlar cómo te ven los demás.

. . .

También debes asegurarte de que todo esté documentado y compartirlo con otros también.

Un manipulador en el hogar no puede negar sus responsabilidades cuando has enviado un mensaje diciéndoles a todos los pasos que están a punto de dar hacia la meta familiar (ir a la universidad, un viaje, etc.)

En una nota similar, amplía tu grupo de apoyo. Cuantas más personas informadas tengas en tu grupo de apoyo, más difícil será para un manipulador aislarte. Además, con un amplio grupo de personas amables y positivas a tu alrededor, podrás discutir y compartir ideas y opiniones libremente. Esta es una gran estrategia para aumentar tus perspectivas y encontrar fe en tus instintos.

Finalmente, sé fuerte, confiado/a y firme y dile al manipulador que estás consciente de lo que está tratando de lograr y que no lo tolerarás. Mantén la conversación basada en hechos en lugar de en lo emocional porque es más difícil negar cosas cuando hay evidencia que te respaldan.

Los manipuladores no están acostumbrados a que les llamen la atención por su comportamiento, por lo que es probable que se enfrenten, pero su reacción no es tu responsabilidad. Recuerda tener en cuenta tus objetivos y estar orgulloso/a de ti mismo/a por hacer algo que muchos simplemente ignorarían; también asegúrate de que una persona de confianza sabe que esta confrontación sucederá.

Evitar al manipulador y sus tácticas es una cosa, pero es fortalecedor saber que estás por delante del juego y que te has protegido.

Si el manipulador se ha abierto paso en tu vida y no estás seguro/a de cómo lidiar con él, aún podemos detenerlo e incluso salir mejor del otro lado. Nuestro próximo capítulo se enfoca en qué hacer cuando no puedes evitar a una persona manipuladora.

8

Cómo detener y superar la manipulación

Ahora que entendemos cuán común es la manipulación, es fácil apreciar que no toda la manipulación se puede evitar. No sujetarte a estas tácticas implicaría aislarse de muchas personas en tu vida, nunca conocer gente nueva y, por supuesto, apagar todas las redes sociales, noticias, anuncios, etc. Esto no solo no es saludable, sino que también te estás perdiendo de tantas experiencias y relaciones potencialmente maravillosas.

El hecho es que está bien tener personas manipuladoras en tu vida, siempre y cuando sepas cómo manejarlas y no termines siendo controlado/a y dictado/a por ellas; eso no significa seguir como si nada hubiera pasado. Aprender las habilidades esenciales para detectar y detener la manipulación es la forma en que recuperarás el poder sobre tu propia vida y comenzarás a disfrutar más.

. . .

Este capítulo te ofrece siete poderosas tácticas que le mostrarán a tu manipulador que su comportamiento no será tolerado. Pero antes de eso, asegurémonos de que no nos hemos perdido ninguna señal manipuladora.

Reconocer la manipulación a largo plazo

En el capítulo anterior, dedicamos una buena cantidad de tiempo a ver cómo detectar la manipulación antes de que ocurra. Probablemente también tengas una buena idea si las personas que no puedes evitar te están manipulando.

La manipulación puede ser encubierta o abierta, muy sutil o completamente auto-dirigida. Es el acto de usar la psicología para controlar a otros, para que sientan o actúen de manera que vaya en contra de su verdadero yo.

A veces, cuando llevamos mucho tiempo cerca de una persona, la manipulación se mezcla con otras conductas tóxicas y no es tan fácil de detectar. Ya sea intencionalmente o no, los manipuladores pueden confiar en las formas más sutiles para derribarte lentamente. Estos son los más difíciles de detectar, especialmente cuando es difícil imaginar a las personas más cercanas jugando a estos juegos.

. . .

Aparte de lo que discutimos en el capítulo anterior, deberías ondear una bandera roja si notas que una persona siempre te alienta a hablar primero. Estoy seguro de que sientes que solo están siendo amables, pero en realidad solo quieren establecer una línea de base para lo que estás pensando.

Incluso pueden hacer un seguimiento con algunas preguntas, lo que nuevamente parece reflexivo. Lo que están haciendo es permitirte abrirte para que puedan encontrar tus debilidades y luego cultivar su propio plan.

También debes desconfiar de las personas que siempre deciden el lugar de encuentro, independientemente de la actividad.

Puede que quieras cenar aquí, ellos lo quieren allí; quieres comprar en X, pero ellos quieren Y; tu casa no, tiene que ser la de ellos. Estamos tentados a aceptar estos planes para no hacer tambalearse el barco, pero lo que están haciendo es intentar sacarte de tu zona de confort y forzarte a ir a lugares donde ellos tienen el control.

También hay formas de comportamiento pasivo-agresivo que no deben tolerarse. Uno de los clásicos es hacerse el tonto: esto puede ser con cualquier rango de actividades, desde no saber cómo hacer funcionar la lavadora, hasta no entender sus declaraciones de impuestos o no poder descubrir una nueva pieza de tecnología. Al hacerse tonta, la persona te anima a que lo hagas por ella porque, al final, es más rápido si solo lo haces en lugar de explicarlo.

El viaje de culpa es otra forma de comportamiento pasivo-agresivo. A veces, esto puede parecer juguetón: el labio inferior, una sonrisa y *"si me amaras, lo harías"*. Una forma más dura de hacer sentir culpa es acusar a los demás de ser egoístas o de no preocuparse para que se cumplan sus demandas.

Finalmente, volvemos al *bullying* intelectual. Los bombardeos de hechos y estadísticas crean la sensación de que saben más que tú, entonces te darán muy poco tiempo para tomar una decisión. Ambas tácticas se deben a que quieren que se siga su propia agenda en lugar de darte tiempo para ver las cosas desde puntos de vista alternativos.

Si sientes que estás actuando o hablando en formas que van en contra de lo que realmente eres o si sientes constante agotamiento o confusión por una persona en particular, querrás comenzar a trabajar en las siguientes técnicas para comenzar a ver cambios impresionantes.

Conoce y defiende tus derechos humanos fundamentales
    Hay 30 derechos humanos básicos según la Declaración Universal de los Derechos Humanos. Algunos que son

objeto de manipulación son el derecho a la igualdad en el matrimonio, el derecho a la propiedad, la libertad de pensamiento y religión, y la libertad de opinión y expresión. También tienes derecho a la privacidad.

El primer derecho humano es que todos los seres humanos son libres e iguales. Nadie merece más o menos que otra persona, nadie es superior, a pesar de cómo se sienta o de cómo la sociedad lo pinte. Dicho esto, como todos somos libres de tener nuestras propias opiniones.

El manipulador tiene derecho a sentirse superior, sin embargo, no tiene derecho a hacer que los demás sientan que esto es cierto.

El artículo 30 establece que los derechos humanos no pueden ser arrebatados, y esta es la clave para nuestro entendimiento. No importa lo que otros intenten hacer, tú tienes derechos.

Mantén tu distancia lo mejor que puedas

El hecho de que pases ocho horas al día con alguien porque vivas con él o sea tu familia cercana, no significa que tengas que estar constantemente a su lado. Pon cierta distancia entre tú y la persona y solo pasa el tiempo necesario con ella.

. . .

Lo que pasará cuando hagas esto es que ganarás confianza, fuerza y control durante el tiempo que estés fuera y esto te ayudará a manejarlos en esos momentos que no puedes evitar.

Deja de culparte a ti mismo/a

Hay dos categorías principales de cosas por las que nos culpamos: cosas por las que no debemos sentirnos culpables y cosas que debemos dejar en el pasado. No debes culparte por tus emociones o tus necesidades, son lo que son. Si te sientes cansado/a, feliz, triste o harto/a, simplemente reconócelo y recuerda que las personas no tienen derecho a juzgarte.

Tampoco tienen derecho a hacerte sentir mal porque necesitas una noche para recuperarte o quieres salir por la noche para divertirte. Es muy común que nos culpemos a nosotros mismos cuando no podemos hacer algo bien o si no somos buenos en algo, pero no se supone que los humanos sean perfectos.

En lugar de culparte por las cosas que no puedes hacer, presta atención a las cosas que haces bien y no te sientas culpable si estás orgulloso/a de ello. Si alguien en quien confiabas te ha lastimado o ha terminado una relación, estas cosas no van a cambiar.

. . .

Es crucial que aprendamos de nuestro pasado, pero no sigamos reviviéndolo. Sé que es más fácil decirlo que hacerlo, especialmente si hay alguien en tu vida que te recuerda constantemente lo que consideras fallas. Seguir los pasos 1 y 2 te ayudará a evitar que los manipuladores vean esta auto-culpabilidad como una debilidad que pueden usar.

Vuelve a centrar la atención en el manipulador

Ya sea que el manipulador sea consciente de su comportamiento o no, volver a enfocarse en él le permitirá ver sus malas acciones o lo sorprenderá al darse cuenta de que tú estás poniendo atención a su comportamiento. Para hacer esto, necesitas hacer preguntas de sondeo:

- ¿Esto te parece justo?
- ¿Es razonable lo que me pides?
- ¿Tengo voz y voto en el asunto?
- ¿Me estás preguntando o diciéndome?
- ¿Qué voy a sacar de esto?
- ¿Esperas sinceramente que yo (reitera su solicitud)?
- ¿Has tenido en cuenta mi tiempo?
- ¿Has tenido en cuenta mi opinión?

La triste realidad es que a un manipulador no le importarán las respuestas a estas preguntas porque su única preocupación es lograr sus objetivos.

La justicia, tu opinión y el tiempo, o lo que vas a sacar de ello no se les pasaría por la cabeza. Por otro lado, si alguien está realmente interesado en tu bienestar, se tomará un momento para responder las preguntas con sinceridad.

Fijar y establecer consecuencias firmes
La mayoría de nosotros tenemos límites, incluso si no somos plenamente conscientes de que esto es lo que son. Nuestros límites son nuestro conjunto individual de reglas por las que vivimos, este código de conducta proviene de nuestros valores y creencias, así como de experiencias pasadas que no queremos que vuelvan a suceder.

Los límites de las personas son muy personales, pero la mayoría de nosotros estaría de acuerdo en que cometer un delito es una línea que no cruzaríamos, junto con la discriminación, la intimidación, el engaño y la invasión del espacio personal.

Si no tienes 100% claro cuáles son tus límites, debes definirlos ahora, antes de intentar establecerlos. Tómate un momento para pensar en situaciones pasadas que te hayan lastimado.

¿En qué momento se volvió demasiado? En la mayoría de nuestras relaciones, personales y profesionales, las personas comprenderán tus límites y los respetarán.

. . .

Para un manipulador, no existen los límites y los violará felizmente si eso significa que sus necesidades están satisfechas. Cuando una persona insiste en cruzar la línea y hacerte sentir incómodo/a, su comportamiento se ha vuelto tóxico.

Para mostrar la gravedad de las violaciones de los límites, debes tener listas las consecuencias. Por ejemplo, si un miembro de la familia o pareja se enoja e intenta abusarte verbal o físicamente, aléjate de la situación y de la relación si es necesario, y hazles saber que lo harás.

Las consecuencias son increíblemente valiosas, pero solo si las aplicas. Por ejemplo, si tu pareja te grita y no te alejas, el manipulador aprenderá que puede continuar con su comportamiento negativo y que tus límites no significan nada. Solo establece una consecuencia si sabes que puedes cumplirla. Para mejorar en el establecimiento de límites y sus consecuencias, asegúrate de practicar lo que quieres decir de antemano para tener más confianza y poder expresarte mejor.

Aprende a decir NO y practícalo regularmente

Decir que no es difícil por muchas razones diferentes, lo más común es que no queremos decepcionar a la gente o que tenemos miedo de la reacción de la otra persona. Otra razón, menos discutida, es que no nos gusta la idea de que no podemos hacer todo lo que se requiere de nosotros.

. . .

No poder hacer malabares con el trabajo, la vida familiar y la vida social puede hacernos sentir que estamos fallando en algo.

A pesar de todo esto, decir que no es crucial para nuestro bienestar mental y físico, así como para anteponer nuestras necesidades y reforzar esos límites.

Es importante recordar que decir que "no", no es nada malo, pero requiere práctica y determinación. Hay algunos consejos útiles que debes tener en cuenta al decir que no:

- Decide si quieres decir que sí o que no; si no estás seguro/a, pide más tiempo
- Sé amable con tu no, no solo con las palabras sino también con el tono y el lenguaje corporal
- Agradece a la persona por considerarte
- Ofrece una alternativa que se adapte a ambos
- Prepárate para tener que decir un no más firme

Ampliemos esto con un ejemplo: la familia de Sam quiere que lleve a sus hijos de vacaciones a la casa familiar durante dos semanas en el verano. ¡Sus padres han aplicado un poco de sentimiento de culpa diciendo que nunca pasan tiempo con los nietos y quién sabe cuánto tiempo más estarán juntos!

. . .

Aquí hay dos formas en que Sam podría responder: 1. "Gracias por la oferta. Sería un viaje encantador, pero no puedo comprometerme porque ya tenemos planes. Sin embargo, podríamos ir una semana nada más", o 2. "No, lo siento. Eso no va a funcionar para mí". Puedes ver que la primera oración es la forma más suave de decir no sin tener que usar la palabra, la segunda oración es más firme pero aún no grosera o agresiva.

A veces necesitamos comenzar con palabras más amables y usar palabras más firmes si la persona no acepta tu no. Estos son excelentes pasos para decir no a la persona promedio, pero pueden no ser suficientes para los manipuladores en nuestras vidas.

Rara vez es una buena idea explicarle a un manipulador por qué le dices que no, ya que usará tus palabras en tu contra y tratará de cambiar tu horario para que no tengas excusas para decir que no. Aquí hay algunas frases directas que puedes usar para decir no a un manipulador:

- Gracias, pero no
- Mi horario no me lo permite
- No me va a funcionar
- No, no puedo
- Estoy demasiado ocupado/a hoy, mañana estoy libre
- No me siento cómodo/a con eso
- Tengo una regla de no hacer…

- ¡No!
- He dicho que no y lo dije en serio

Existe la posibilidad de que la persona a la que le estás diciendo que no, se enoje o cree una escena. Esto depende de ellos y no de ti. Has dicho que no de manera firme pero justa y no necesitas justificar esta respuesta, ni sentirte culpable por ello. Si la reacción de la persona es demasiado para ti, hazle saber que te vas y que hablarás de nuevo una vez que se haya calmado.

Enfréntate al maltratador por lo que es, de la manera correcta

Nadie quiere sentir que lo están empujando o pisoteando.

A veces, solo puedes tomar tanto antes de que ocurra un arrebato muy inesperado y fuera de lugar. Si bien puede sentirse bien desahogarte, cuando se trata de un manipulador, es más probable que resulte contraproducente, lo que sugiere que estás fuera de control o incluso loco/a.

Es por eso que debes asegurarte de confrontar a tu maltratador de la manera correcta: con seguridad, calma e inteligencia. Para que esto suceda, debe haber suficiente tiempo para tener una conversación, ambas partes deben estar en el estado de ánimo adecuado y, sobre todo, debes estar tranquilo/a.

Si no sientes que puedes controlar tus emociones en ese momento, es mejor esperar. Si temes por tu seguridad de alguna manera, asegúrate de que haya personas a tu alrededor en caso de que las cosas se vuelvan agresivas o violentas. No vale la pena sacrificar tu seguridad solo para enfrentar a un acosador, así que elige el momento sabiamente.

No todo el mundo quiere manipularte, pero la vida será más placentera cuando puedas identificar el comportamiento y dominar cómo manejarlo. Aquellos que se preocupan por ti tendrán en cuenta lo que estás diciendo. Los cambios no ocurrirán de la noche a la mañana, ya que estás cambiando hábitos que han estado vigentes durante mucho tiempo, pero comenzarás a ver los frutos de los esfuerzos.

No olvides que un poco de paciencia de tu parte también será de gran ayuda. Si no ves los resultados que deseas, es hora de romper con el manipulador para que puedas comenzar nuevas relaciones equilibradas con respeto mutuo.

9

Tratar con personas difíciles

Para tratar con personas difíciles en general, primero debes elegir las frases correctas para la situación. Ya sea que estés tratando con tus hermanos imposibles, tus padres autoritarios o tu pareja controladora, tendrás que pensar en esas palabras que sabes que duelen y prepararte para ellas.

Uno de los mejores consejos para tratar con personas difíciles es no revelar tus emociones, ya que ellos saben exactamente qué palabras usar para hacerte reaccionar. Finalmente, convertirte en un/a maestro/a de las habilidades de conversación mejorará las relaciones, particularmente las nuevas.

Tus habilidades de conversación son cruciales para tu vida personal y profesional y conducirán a un aumento de tu confianza. Ahora, estas técnicas no siempre funcionarán en ciertos tipos de personalidad. Por esta razón, comenzaremos aquí.

Frases poderosas para tratar con personalidades desafiantes

Las personalidades desafiantes incluyen aquellas de las que hemos hablado, como narcisistas y manipuladores, y este tipo de personas requieren un tipo especial de tratamiento. Si estás tratando con los tipos de personalidades más desafiantes, pero están haciendo un esfuerzo por mejorar su comportamiento, estas frases también pueden ayudar.

También pueden ser las reinas del drama en nuestras vidas, las sofocantes, las pesimistas y las controladoras. Cada una de estas personalidades desafiantes puede aparecer en cualquier área de tu vida, no solo en lo familiar. Comenzaremos con algunas frases útiles que pueden usarse en multitud de situaciones:

- Entiendo que no lo hiciste a propósito, sin embargo…
- Te pido disculpas si no me expliqué bien
- Veo tu punto de vista
- Agradezco tu opinión
- Creo que deberíamos hablar más de esto
- Tal vez podamos encontrar un momento para hablar de un compromiso
- ¿Qué piensas de esta idea?

- ¿Cómo te sentirías si hiciéramos X en lugar de Y?
- Miremos los hechos y dejemos las opiniones a un lado por un momento
- Respeto que veamos las cosas de manera diferente, pero necesitamos encontrar una manera de superar esto
- Quiero llegar a una solución contigo, pero sin interrumpirnos
- Me alegro de que hayamos hablado, ¿hay algo más que quieras decir?

Al igual que con las frases que hemos visto antes y las frases posteriores, apégate a las que te sientas cómodo porque necesitas sonar asertivo/a, seguro/a y natural. Entonces, si una frase como *"tal vez podamos encontrar un momento para hablar sobre un compromiso"* es exagerada para ti o para la persona con la que estás hablando, podrías reformularla a *"tal vez podamos hablar y encontrar algún espacio para dar y recibir"*.

6 pasos para la resolución efectiva de conflictos y qué no hacer

Recuerda que el conflicto puede ser un verbo y un sustantivo. Como verbo, entrar en conflicto es ser incompatible o tener diferencias de opinión; el sustantivo conflicto se refiere a una disputa o una discusión.

. . .

No podemos rehuir los conflictos o evitarlos, es más saludable manejar el conflicto en el momento para que la situación no se intensifique. Al igual que las habilidades de comunicación, la resolución de conflictos es una valiosa habilidad para la vida que hay que dominar. Para resolver conflictos, puedes seguir estos 6 sencillos pasos:

1. Pisa el freno y piensa

Todo se reduce a emociones. Alguien pudo haber dicho o hecho algo que te causó dolor y malestar.

Nuestras mentes saltan naturalmente a la persona y no a la situación, y cuando te enfocas en la persona, las emociones tienen la costumbre de tomar el control de tu lado lógico. Esto cierra nuestra mente y nos impide ser objetivos, siempre haz una pausa antes de hablar para mantener la calma.

2. Amplía tu perspectiva

A medida que maduramos, mejor vemos las situaciones desde diferentes ángulos. Caminar unos pasos en los zapatos de otras personas es una excelente manera de comprender mejor lo que realmente está sucediendo y de tratar de ver cómo se siente la otra persona.

Un gran consejo profesional aquí es jugar al abogado del diablo contigo mismo: estar en desacuerdo con tu propia opinión para pensar en otras formas de ver la situación. Hacer esto podría mostrarte que, al final, es posible que ni siquiera haya un conflicto. Y si lo hay, estarás mejor equipado/a para manejarlo.

3. Ponerse de acuerdo sobre el problema

A continuación, es hora de que ambas o todas las partes definan el problema. Si no todos están de acuerdo con el problema, será imposible compartir perspectivas y soluciones; todos deben tener la oportunidad de estar de acuerdo o en desacuerdo con la definición del problema sin dejarse llevar por sus opiniones.

4. Compartir perspectivas

La clave aquí es dejar que todos compartan sus opiniones y demostrar que están siendo escuchados. Interrumpir, revisar el teléfono o, en general, estar distante es una forma segura de irritar a los demás. Solo cuando todos escuchen atentamente cada idea, podrán avanzar hacia las soluciones.

5. Respetar las soluciones de los demás

Al igual que las perspectivas, las personas deben tener la oportunidad de expresar las ideas que tienen para resolver el conflicto. Volviendo a nuestros derechos humanos básicos, toda persona tiene derecho a su opinión y por lo tanto cada uno debe ser respetado. Después de que se hayan discutido las soluciones, puedes ver el potencial de compromiso.

6. Acuerden la solución final

Una vez que todos hayan sido un poco flexibles, se puede llegar a una solución para mantener a todos contentos. Vale la pena enfatizar la solución y asegurarse de que la persona o personas entiendan y hayan dicho todo lo que sienten que deben decir. Finaliza la conversación con una nota positiva, como *"estoy muy contento/a de que hayamos resuelto esto y sé que podemos hacerlo de nuevo si es necesario"*.

Aparte de lo que debes hacer, también hay algunas cosas que no debes hacer al tratar de resolver conflictos: evita usar adverbios de frecuencia extremos como siempre y nunca, pueden ser vistos como exagerados y sacando las cosas de proporción.

No te preocupes por otros asuntos, cuanto más tiempo pienses en algo, más grande es probable que se vuelva y luego se vuelve más fácil arrastrar asuntos irrelevantes al conflicto.

Elige un momento que también se adapte a las otras partes, a menudo hablamos de elegir un momento en el que estés tranquilo/a, pero es justo que le preguntes a alguien si tiene unos minutos libres y está dispuesto/a para asegurarte de que también esté en el estado de ánimo adecuado.

No asumas nada, cuando asumes que has entendido todo o asumes que ellos lo han hecho, existe una gran posibilidad de que todos se vayan pensando que un problema se ha resuelto cuando no es así.

Consejos para confrontar a padres difíciles

Tómate un momento para pensar en cómo ves a tus padres. Sé que esto cambia a medida que crecemos y más aún cuando tienes tus propios hijos, sin embargo, en general, tendemos a olvidar que nuestros padres son en realidad solo humanos, tal como lo somos nosotros.

Les pusimos altas expectativas ya que, después de todo, deberían saber más que nosotros, ¿no están siempre diciéndonos esto? Cuando quitas el elemento paterno, están sujetos a las mismas emociones, las mismas luchas y conflictos que nosotros.

La diferencia es que tienen que vivir con el temor de que sus errores sean juzgados por sus hijos.

El primer paso para lidiar con padres difíciles es recordar que son humanos y reducir tus expectativas. Si sabes que un amigo sociópata no va a cambiar, ¿por qué esperarías que lo haga un padre sociópata?

Cuando se trata de nuestros padres, una de las técnicas de manipulación más comunes que utilizan es el sentimiento de culpa. Es probable que te pidan que hagas algo y cuando digas que no, habrá algo de rechazo. Cuando te mantienes firme, las grandes armas salen a la luz. Puede que tengas que aguantar frases como *"¡está bien! No es como si te hubiese criado por más de 18 años"*, o *"tu primo nunca le fallaría a tu tía"*.

Los más deslumbrantemente obvios son *"me debes"* y *"si me amaras..."* y aún así caemos ante ellos. Tienes que poner fin a esta manipulación emocional; ellos te aman, tú los amas, y nadie necesita demostrarlo. Lo que debes hacer es decirles que sabes lo que están tratando de hacer y que ya no funcionará.

Si todavía estás buscando la aprobación de tus padres, es hora de superar esto. Los padres a menudo no aprueban las decisiones que toma su hijo adulto; incluso puedes sentir que están tratando de revivir su vida a través de la tuya.

Pueden negar su aprobación como una forma de castigo o simplemente porque no pueden mantener a sus hijos debido a la falta de gestión emocional. Tan pronto como dejes de buscar la aprobación de tus padres, tu trato con ellos será más sencillo y empezará a ser más fácil reafirmarte.

En ese sentido, sé asertivo/a con los padres difíciles. No eres grosero/a ni irrespetuoso/a porque aún puedes ser cortés, incluso cariñoso/a; al mismo tiempo, puedes ser honesto/a y usar frases en primera persona para expresar tus sentimientos.

Deja ir cualquier suposición; pueden escuchar, puede que no, el punto es que dejes de permitirles controlar tu vida: empodérate y decide el nivel de contacto con el que te sientas cómodo/a.

Frases poderosas para lidiar con padres difíciles:

- Siempre te respetaré, pero he pensado en esto cuidadosamente
- Me siento asfixiado/a cuando no me das espacio
- Es genial que quieras ayudarme en casa, pero tiene que haber límites
- Sé que estás frustrado/a, pero no puedes desquitarte conmigo
- No puedo hacer planes contigo este fin de semana, pero me gustaría hacer algo el próximo fin de semana
- No toleraré que me insultes
- Si sigues cruzando la línea, ya no vendré a cenar

- Está bien si no estás de acuerdo con mis opiniones, pero debes respetarlas

Consejos para confrontar a los miembros de la familia

Los miembros de la familia que no son padres son un poco como amigos. Los conflictos que surjan te van a seguir estresando, pero es algo más fácil limitar tu contacto e incluso romper lazos si es necesario. Siempre vale la pena intentarlo una vez más para volver a encarrilar la relación con los nuevos conocimientos que tienes.

Comienza por decidir si este miembro difícil de la familia se preocupa y lo hace de manera incorrecta o si es puramente tóxico. Si sientes que son tóxicos y manipuladores, sigue las técnicas que vimos antes; si se trata de un miembro de la familia que está tratando de controlarte, asfixiarte o tratarte de manera que te lastime o te haga sentir incómodo/a, es hora de trabajar para fortalecer tus límites.

Es posible que ya hayas intentado establecer tus límites con los miembros de tu familia, pero es posible que no te hayan tomado en serio. También podría significar que tú mismo/a no estabas seguro/a de tus límites, razón por la cual otros los están cruzando.

. . .

Si crees firmemente que sabes cuáles son tus límites y los has expresado claramente, ahora sabes que las consecuencias no están sucediendo. Un consejo que funciona muy bien es escuchar a los miembros de la familia como si fuera la primera vez; después de tantos años de escuchar lo mismo, las mismas molestias y quejas, comenzamos a desconectarnos.

Recuerda que, aunque te hayan dicho lo mismo muchas veces, debes escucharlo como si fuera la primera vez porque ahora eres una persona diferente. Eres mentalmente más fuerte, estás tranquilo/a y en control de tus emociones, y escucharás con una nueva perspectiva y con nuevos conocimientos sobre cómo manejar la situación.

Frases poderosas para tratar con familiares:

- Respeto que tengas más experiencia, pero voy a hacer las cosas a mi manera
- Ya he explicado antes que no me gusta cuando apareces sin avisar
- Cuando digo que no, es a la actividad, no a ti
- Necesito algo de tiempo para mí este fin de semana, pero puedo ayudarte durante la semana
- Necesito que entiendas que, si insistes en insultarme, no me uniré a tus planes
- Si estás molesto por algo, estoy aquí para ti, pero no te escucharé si vas a gritar

- Mi intención no es lastimarte, pero no pienso caminar sobre cáscaras de huevo
- Me duelen tus desagradables palabras y te ofrezco la oportunidad de hablar sobre lo que te molesta

Con la mayoría de las personas difíciles, estas técnicas llegarán al fondo de los problemas y te permitirán seguir adelante, con la opción de volver a abordar los problemas en el futuro si es necesario.

Depende de ti decidir si estas personas están haciendo esfuerzos para mejorar su comportamiento o no.

Si pasa un tiempo y ves que se repiten los mismos comportamientos, o tus niveles de estrés no han mejorado, es hora de plantearse crear distancia entre ustedes o romper el contacto por completo.

Sé que siempre tenemos la esperanza de que la gente cambie, pero es esencial recordar que las tensiones emocionales que sientes no desaparecerán de la noche a la mañana. Cuanto más dure el conflicto, más difícil será superarlo a largo plazo.

10

Dueño/a de tu vida

En este punto, me gusta pensar que los lectores tienen una idea mucho más sólida de lo que están enfrentando, los peligros de no lidiar con eso y, por supuesto, después de una profunda introspección, existe un plan efectivo para comenzar a eliminar ambos.

También reconozco que todavía puede haber algunos nervios y no todas las técnicas se dominan por completo. Este capítulo final es como el último empujón hacia la cima de la montaña que te permitirá ver las increíbles vistas a tu alrededor.

¿Por qué la gente no apoya mis elecciones? Hay muchas respuestas para esta pregunta. Es increíble cuántas personas hay en el mundo que son incapaces de ver las cosas desde el punto de vista de otra persona.

. . .

Es posible que tu ser querido realmente intente comprender las decisiones que toma, pero no puede, o podría ser que estén tan preocupados por ti que la preocupación parezca una falta de apoyo; es posible que tengan una necesidad profundamente arraigada de tener razón y, por lo tanto, tus elecciones siempre serán incorrectas.

Como hemos visto con las personas tóxicas, es poco probable que apoyen las decisiones que tomas porque el resultado final es que pierden el control sobre ti. Cuando la gente no te apoya, incluso aquellos más cercanos a ti que siempre deberían apoyarte, tienes que aceptarlo como parte de la vida normal en lugar de luchar contra ello. No es tu trabajo impresionar a los demás o tomar decisiones que beneficien continuamente a los demás.

Es una pena, pero es posible que incluso aquellos que te conocen desde hace más tiempo no entiendan que sabes qué es lo mejor para tu propia vida. Y esto está bien. Trata de empatizar, porque esta es una forma de superar a las personas que no nos apoyan: tal vez sean inseguros, envidiosos o temerosos de las cosas nuevas que quieres probar.

Continúa e intenta explicar las cosas de una manera diferente para ver si esto les ayuda a entender, pero identifica cuándo trazar la línea y aceptarla. Lo que debes hacer es recordar que ya has perdido demasiado tiempo complaciendo las necesidades de las personas tóxicas en tu vida. No hay suficiente tiempo o energía para pasar un minuto más explicando tus razones a las personas que no las van a respetar.

Si bien has decidido deshacerte del comportamiento tóxico, también debes dejar de tratar de complacer a los demás y comenzar a poner tus pasiones y sueños en primer lugar. Hacer las cosas que llenan tu corazón de motivación, alegría y amor es lo que te ayudará a vivir una vida plena que no esté llena de remordimientos y "qué pasaría si".

Todavía puede ser difícil imaginarlo, pero puedes hacer lo que quieras. No debería haber nada que te detenga, especialmente las dudas sobre ti mismo/a. Elige a cualquier persona inspiradora: Halle Berry una vez durmió en un refugio para personas sin hogar, J.K. Rowling era una madre soltera que luchaba por pagar el alquiler, Steve Jobs abandonó la universidad después de un semestre y se convirtió en millonario a la edad de 23 años, Einstein...

Cada uno tuvo reveses masivos y labró su propio camino para alejarse de sus dificultades. Puedes hacer lo que quieras con tu vida y puedes hacerlo sin el apoyo de otros, y ciertamente no necesitas que proyecten sus limitaciones sobre ti.

Por qué necesitas ser dueño/a de tu propia vida

• • •

Adueñarte de tu propia vida se trata de concentrarte en ti mismo/a y estar agradecido/a por el lugar en el que te encuentras en este momento. Se trata de recuperar el control y luego protegerte para que nadie más pueda quitártelo en el futuro. Además, puedes vivir tu vida según tus propios valores, creencias y estándares, lo que genera confianza y la capacidad de amarte a ti mismo/a.

A veces, adueñarte de tu propia vida comienza con aceptar la responsabilidad de dónde estás hoy y dejar de culpar a los demás. Sí, es posible que hayas tenido una infancia difícil, pero tus padres hicieron lo mejor que pudieron con lo que tenían en ese momento. El dinero puede ser escaso, pero puedes asumir la responsabilidad de tu presupuesto y hacer cambios.

Has cometido errores, has estado con las personas equivocadas, has tolerado demasiado, sea lo que sea, reconócelo. Lo que sucedió en el pasado no es una señal de lo que vendrá en el futuro porque cada día es un nuevo comienzo con nuevas oportunidades.

Recuerda cómo comenzamos mirando nuestra propia negatividad. Ahora es el momento de revisar tu actitud nuevamente y ver si esos pensamientos negativos están surgiendo de vez en cuando. Es posible que debas seguir forzando los pensamientos positivos por un tiempo hasta que sea más fácil superar las ideas negativas, antes de que finalmente no te afecte la negatividad.

. . .

Cómo ser dueño/a de tu propia vida

Sé más intencional con tu tiempo y tu perspectiva

El desayuno es la comida más importante del día, pero tus mañanas también son el momento más importante. Sabes que cuando tu mañana comienza bien, el resto del día tiende a seguir su ejemplo. Tener una rutina matutina garantiza que puedas comenzar el día con una comida saludable, algo de ejercicio o meditación.

Es un tiempo precioso para la preparación y la calma. Para la preparación mental, puedes preparar tu lista de tareas pendientes y verificar tus objetivos; puedes tener la intención de mantener una actitud positiva y mantenerte alejado/a de las personas e incluso noticias negativas. Cuando eres intencional con la información que compartes, es más fácil mantener la negatividad fuera de tu vida.

Vuélvete más disciplinado/a

Aumentar tu autodisciplina es más que una forma de alcanzar tus metas eliminando distracciones y tentaciones. Se trata de mejorar tu resiliencia para diferentes situaciones.

Cuando eres más disciplinado/a, tienes más control sobre tu vida y esto tendrá un efecto positivo en tus niveles de ansiedad.

. . .

Los objetivos son motivadores, una gran ayuda con nuestra disciplina; comienza por establecer metas pequeñas que sean fáciles de lograr. Tu confianza aumentará con cada pequeña meta que logres y pronto estarás abordando las más grandes.

Mantén tus objetivos donde puedas verlos. Todavía prefiero lápiz y papel, pero conozco a otros que crean listas en su teléfono para objetivos. Ya sea que se trate de tu lista de tareas pendientes o de tus objetivos, asegúrate de priorizar.

Para esos días en los que no encuentras la motivación, tienes que obligarte a levantarte y pasar a la acción.

No hay tiempo para excusas o sentir pena por tu situación.

Cuenta atrás desde diez, visualízate logrando tu objetivo y levántate.

Trátate como si fueras un invitado
    Si alguna vez has tenido visitas, sabrás que hay una carrera loca por ordenar, limpiar y regar las plantas, se prepara la mejor comida y se abre el mejor vino. Pero, ¿por qué no nos tratamos a nosotros mismos de la misma manera?

. . .

Incluso un comportamiento como este, muestra que ponemos a otras personas antes que a nosotros mismos. De hecho, tener un hogar bien organizado y limpio es extremadamente importante para tu cuidado personal y un hogar ordenado ayuda a tener una mente ordenada. Tómate un tiempo para ordenar tu hogar y cada vez que salgas de la casa, hazlo como si te estuvieras preparando para un invitado. Volver a casa será aún más gratificante.

Prueba nuevas experiencias
No todo el mundo siente pasión por probar cosas nuevas, implica salir de nuestra zona de confort. Podemos sentir que estamos destinados al fracaso, que no somos lo suficientemente buenos o que no tenemos la habilidad o el conocimiento, pero tales creencias solo nos alejarán de un mundo de experiencias increíbles, debemos salir y explorar las cosas más increíbles del mundo.

Una vez más, comienza con pequeños pasos. Planta algunas semillas y mira lo que crece, monta a caballo, come platillos nuevos. Como no tenemos experiencia con las cosas nuevas que probamos, no hay justificación para sentir ansiedad o decepción. Si después de diez años de cultivar tus semillas aún no están creciendo, ¡entonces puedes sentirte decepcionado/a!

Adopta las lecciones de la vida
Hace poco cultivé mis primeros pimientos, ¡así que me

apegaré a la analogía de la semilla! He intentado cultivar tantas cosas y nada salió del todo bien. Me enteré de que las había sembrado en la estación equivocada, ahogué las semillas, las dejé al sol y luego a la lluvia, etc. Finalmente, acerté.

Dondequiera que mires, la vida tiene lecciones que enseñarte que debes abrazar. De antemano, habrías visto tus relaciones tóxicas como algo malo, y ciertamente lo fueron. Pero has podido aprender tanto sobre tu persona y sobre cómo tratar con otras personas que tu vida va a dar un giro completo de 180. Mantén la calma frente al cambio, pues te estás volviendo más sabio/a, sigue aprendiendo a lo largo de tu camino.

Crea una estrategia para tus metas

Muchas personas no logran alcanzar sus metas porque no las planearon. No es suficiente decir *"quiero estar libre de hipotecas en 15 años"* o *"quiero tomar ese crucero en dos años"*. Ambos son objetivos importantes y aunque escribirlos los hace más concretos, no significa automáticamente que vayan a suceder.

Tanto los objetivos a corto como a largo plazo deben dividirse en pasos más pequeños y alcanzables. Trabajar en pasos más pequeños es más fácil de lograr, comienzas a ver el progreso con los objetivos más grandes y ayudas a mantener estos objetivos más grandes a la vista.

· · ·

Deja de esperar a los demás

¿Recuerdas cuando estabas en la escuela secundaria y tú y tu mejor amigo tenían planeadas sus vidas paralelas? En un mundo ideal, nuestros caminos correrían al mismo ritmo que nuestros seres queridos, pero la mayoría de las veces te encontrarás esperando a los demás, lo que significa que no puedes lograr las cosas que quieres hacer. ¿Es justo que tu avance profesional se detenga para que tu pareja pueda cumplir sus sueños? Es saludable discutir y ponerse de acuerdo sobre cambios importantes en la vida, pero no es saludable ser el que siempre está esperando a los demás. Para ser dueño de su propia vida, debe establecer un cronograma para sus metas y sueños y hacer de esto su prioridad.

Construye una rutina que sea animada y te mantenga centrado/a

Una buena rutina es esencial para construir hábitos saludables en tu día. Cuando comenzamos a practicar hábitos saludables con regularidad, se reducen los niveles de estrés, se controla la ansiedad y, a medida que mejora la gestión del tiempo, tendremos más tiempo libre para hacer las cosas que disfrutamos.

Mantenerte en forma tiene que ser una prioridad si quieres sentirte bien contigo mismo/a y mantenerte mental y físicamente sano/a. Tu trabajo físico puede incluir acondicionamiento aeróbico y muscular, así como flexibilidad. La nutrición, el sueño, la salud emocional y mental también afectarán la forma física.

. . .

Estas son algunas ideas que puedes incorporar a tu rutina diaria: date suficiente tiempo por la mañana para no comenzar el día apurado/a. Come tus frutas y verduras; toma suplementos vitamínicos si es necesario, asegúrate de que tu dieta sea equilibrada para que estés alimentando tu cuerpo con la energía que necesitas.

Bebe mucha agua: pon rebanadas de fruta en el agua si esto te anima a beber más y toma un vaso de agua con cada bebida.

Evita el azúcar y la cafeína porque, aunque nos da un impulso rápido de energía, es posible que los niveles de azúcar en tu sangre permanezcan demasiado altos y esto puede provocar complicaciones con la diabetes o enfermedades del corazón.

Aumenta tu ritmo cardíaco, es genial comenzar el día con una breve sesión de cardio para que el cuerpo se mueva y el oxígeno fluya hacia el cerebro, seguido de una ducha refrescante. Inicia tu día de la mejor manera.

Muévete durante el día. Para aquellos que tienen un trabajo de escritorio, es importante moverse regularmente. Trata de usar las escaleras en lugar del ascensor y no te sientas culpable por alejarte de tu escritorio durante unos minutos.

El tiempo que estés en tu escritorio será más productivo y tus ojos descansarán de la pantalla.

Pasa tiempo haciendo algo que amas, pueden ser 20 minutos de leer un libro, hablar con un amigo, navegar por las redes sociales o uno de tus pasatiempos. Toma cinco minutos de tu tiempo todos los días; esto no es lo mismo que el tiempo de pasatiempo: son cinco minutos de nada, sin tecnología, sin televisión, simplemente siéntate y observa el mundo en un estado de paz y tranquilidad.

Absorbe toda la positividad que te rodea. Establece límites de tiempo para tus actividades, asegúrate de que sean realistas o te encontrarás incapaz de completar todo y eso no es motivador. Ser estricto/a con tu tiempo reducirá el estrés y te permitirá lograr lo máximo que puedas.

Escribe tu lista de cosas por hacer el día anterior para que no te encuentres preocupándote por eso al día siguiente cuando deberías relajarte. Termina el día sin dispositivos, en cambio, escribe tres cosas positivas sobre tu día.

Practica yoga y meditación

Ni el yoga ni la meditación son tan hippies como suenan y son valiosas herramientas para ayudar tanto al cuerpo como a la mente. Ciertas posturas de yoga te ayudarán a detectar desequilibrios en el cuerpo y aumentar el flujo de energía.

Es el tipo de cosa que no creerás hasta que lo pruebes, pero incluso después de una sesión, sentirás una diferencia como una increíble sensación de calma y estirar tu cuerpo es energizante. Uso la aplicación *FitOn* para sesiones guiadas de yoga. Y también hay muchos otros entrenamientos cortos que son geniales para las mañanas.

La meditación fomenta un estado en el que sales de la situación emocional para que nuestro cerebro pueda tomar el control y llevarnos a un estado de calma. La meditación se puede usar como una técnica de respuesta rápida para momentos de estrés o depresión, pero como no necesita mucho tiempo, puedes tomar solo cinco minutos para meditar a lo largo del día.

No siempre es fácil despejar la mente, por lo que también recomendaría aplicaciones como *Headspace* para guiarte a través de la meditación y ayudarte a concentrarte en tu respiración.

Adueñate de la afirmación de tu vida
Con suerte, has creado algunas afirmaciones para el empoderamiento personal. Si todavía estás jugando con

algunas ideas, es posible que desees pensar en afirmaciones para ser dueño/a de tu vida:

- Se supone que debo estar donde estoy hoy
- Se supone que debo lucir como lo hago
- Los eventos en mi vida me han llevado al lugar correcto hoy
- Estoy donde estoy por una razón

Puedes ser tan creativo/a como quieras e incluso agregar algunos adjetivos poderosos a las ideas anteriores. No te sientas abrumado/a por todas estas ideas: cuando consideras todos los otros consejos y técnicas que hemos visto en este libro, probablemente sientas que hay mucho por hacer. Esto es cierto, pero siempre es mejor comenzar a hacer pequeños cambios que durarán, que apresurar todo a una sola vez.

Conclusión

Independientemente de la edad, la raza, la cultura, la preferencia sexual o la profesión, conocerás personas difíciles. Pueden estar escondidos a plena vista, pueden atraerte con amabilidad, cumplidos y amor y luego revelar sus verdaderos colores, pero como dice el viejo proverbio, no puedes golpear a un gato muerto sin golpear a una persona difícil.

Luchar contra las personas difíciles y tóxicas que hay en tu vida no tiene sentido, eso ya lo sabes. Después de meses y años de hacer todo lo posible para convertir la relación en una relación saludable, ahora deberías haberte dado cuenta de que estás desperdiciando tus esfuerzos.

Puede que durante este tiempo la gente se haya aprovechado de tu increíble personalidad y te haya llevado a sentirte exhausto/a, emocional y físicamente agotado/a y, en algunos casos, mucho peor. En lugar de preguntarte una y otra vez cosas como *"¿Por qué yo?"* y *"¿Qué hice para merecer*

Conclusión

esto?", has tomado la decisión más poderosa: recuperar tu propia vida.

Porque no hay nada que hayas hecho mal, y aunque ahora sea un miembro de la familia, también encontrarás este tipo de obstáculos en otros ámbitos de tu vida. Ahora es el momento de tomar estas experiencias horrendas, usarlas como experiencias de aprendizaje y dejar de lado tu sufrimiento.

Probablemente todavía te sientas frágil durante estos primeros días y semanas y no estés emocionalmente preparado/a para enfrentarte a las personas tóxicas que te rodean. ¡Está bien! Esta es la razón por la que el primer paso importante siempre se trata de autorreflexión y planificación.

Tómate el tiempo que necesites para evaluar todas tus relaciones. Establece tres columnas: una para las buenas relaciones, otra para aquellas que necesitan trabajo y otra para las personas que sabes que ya no quieres en tu vida. Vuelve a evaluar tus objetivos, las cosas que te hacen feliz y cómo quieres imaginar tu vida en un año, cinco años y luego diez años.

Si bien a nadie le gusta admitir que tiene fallas, mira dentro de ti e identifica qué cambios puedes hacer para volverte más positivo/a. Son los sociópatas y manipuladores para los que necesitarás más fuerza y resistencia, pues intentarán todas las técnicas para hacerte cambiar de opinión y regresar a tu vida. Deberás sentirte emocionalmente más fuerte para poder mantenerte firme.

Comienza con los cambios que te gustaría ver en las personas difíciles, tal vez algo que tenga un impacto negativo en su vida, pero con un amigo que entenderá cuando expliques tus sentimientos.

Busca algún progreso, gana confianza y luego sé firme con aquellos cuyo comportamiento tóxico te ha causado el mayor daño. Nunca olvides que tu seguridad tiene que ser lo primero.

Por favor, no intentes aplicar tus nuevos conocimientos con una persona tóxica si ha sido agresiva contigo en el pasado o si temes que pueda lastimarte físicamente. Hay formas de tratar con estas personas, pero nunca cuando estás solo/a: no eres responsable de cómo reaccionan, pero sí debes ser responsable de tu seguridad. En estos casos, te invito a denunciar, a buscar acompañamiento y a alejarte lo más pronto que puedas de estas personas.

Asegúrate de practicar todo lo que quieras decirle a una persona difícil antes de hablar con ella. Concéntrate en sus frases con "yo" en lugar de "tú" para que no parezca que los estás culpando. Practicar es prepararte y tendrá un impacto positivo en la forma en que entregas tu mensaje.

No olvides que todos los límites que establezcas deben tener consecuencias que tengas la disposición de cumplir. Espera

Conclusión

que la gente se moleste y espera que digan cosas duras. Esto depende de ellos, no de ti; puedes elegir cómo reaccionar ante las personas difíciles y elegir elevarte por encima de ellas.

Poco a poco irás mejorando. Tendrás días buenos y días malos y luego, lentamente, los días malos serán menos frecuentes.

Verás que mereces ser feliz, respetado/a y apreciado/a.

Mereces vivir tu vida como quieras. Eliminar a las personas tóxicas de tu vida que no van a cambiar dará paso a nuevas relaciones y toda tu nueva sabiduría asegurará que estas relaciones sean sanas y equilibradas.

No seas duro/a contigo mismo/a, pues todavía puedes cometer errores. ¡Aprende y déjate llevar! El hecho de que otras personas elijan ser negativas no significa que tengas que sentirte culpable por disfrutar de tu vida.

Recuerda que solo hay un pequeño paso para cambiar de en donde estás a la dirección a la que quieres ir y la vida realmente es demasiado corta para no divertirte. Sonríe, ríe, baila, canta, siéntete orgulloso/a de quién eres y, sobre todo, ¡sé feliz!

Finalmente, quiero agradecerte por elegir leer este libro. Sé que al igual que yo, puedes cambiar tu camino y te deseo todo lo mejor para este nuevo e increíble viaje que estás a punto de emprender.

www.ingramcontent.com/pod-product-compliance
Lightning Source LLC
Chambersburg PA
CBHW07202107 0526
44583CB00015B/1577